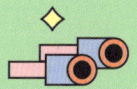

자기 언어를 가진 아이는
길을 잃지 않습니다

**일러두기**

1. 본문에서 어린이의 나이는 문장의 맥락에 따라 '만 나이'와 '연 나이'의 두 가지 방법으로 표기했습니다. 발달 과정상 정확한 월령을 반영해 나이를 계산하는 경우에는 '만 나이'로, 그 외의 일반적인 경우에는 '연 나이'로 적었습니다. 또한, 아이의 리터러시 활동 결과물처럼 월령에 따른 구체적인 성장 변화를 강조하고 싶을 때는 '개월'로 표기했습니다.

2. 본문에서 '어린이'와 '아이'를 혼용해 표기했습니다. '어린이'는 일반적이거나 총체적인 경우에 사용했습니다. '아이'는 4세 이하 유치원 입학 전 영유아를 가리킬 때나 나의 아이, 아이의 친구, 독자의 아이 등 특정 대상을 가리키는 경우에 사용했습니다.

언어력, 문해력을 넘어
세상을 배우는 리터러시 수업

# 자기 언어를 가진 아이는 길을 잃지 않습니다

구선아 지음

그래
도봄

　　어린이와 함께하는 하루하루는 놀랍습니다. 그중 가장 놀라운 건 어린이가 세상을 바라보는 시선인데요. 어린이는 어른을 흉내 내고 책이나 영상에서 듣고 본 말과 행동을 모방하며 자신의 세계를 확장합니다. 세상을 배우고 이해하는 속도와 방식은 어른의 예상을 훌쩍 뛰어넘고요. 그러나 안타깝게도 어린이가 자라는 과정에서 어른은 점점 어른의 틀을 어린이에게 덧씌웁니다. 어린이는 점차 어른을 닮아가고요. 다양함은 사라지고, 정답을 따르게 되고, 자유롭던 감각은 평가와 숫자로 나열되는 기준 속에 갇힙니다. 어른의 한정된 시선, 경쟁 위주의 사회구조, 획일적인 교육이 어린이들의 고유한 빛을 흐리게 하죠. 스스로 생각하고 느끼던 어린이는, 어느새 '틀에 맞춰진 아이', '길러진 아이'가 되어갑니다.

저는 어른이 되어서도 사용하지 않는 단어들이 많았습니다. '엄마', '안녕', '사랑해', '고마워'와 같은 말들요. 쓰임을 몰라 사용하지 않은 것은 아닙니다. 알면서도 표현하지 않은 감정이 많았고 나를 보호한다는 이유로 나의 틀을 고집했습니다. 언어는 존재의 집이라고 했던가요. 그렇다면 존재가 언어를 만드는 걸까요? 존재가 흐릿하니 언어가 사라졌고, 언어가 사라지니 감각도 봉인되었습니다. 존재의 집 바깥에서 자주 서성였고, 한번 봉인된 감각은 삶을 살아내는 과정에서 불안을 만들었습니다.

결핍이 많은 유년 시절을 보낸 사람으로서 아이가 있는 삶을 생각하지 않았습니다. 아이의 존재 자체를 생각해보지 못했기에 아이의 생활과 교육, 미래를 고민한 적도 없었죠. 그러나 불현듯 아이가 찾아온 후로 저는 아이를 마주하며 매일 사랑을 말하게 되었습니다. 매일 삶의 모든 것을 새롭게 경험하게 되었습니다. 작고 큰 세계의 사건들도 다정하게 바라보게 되었습니다. 내가 아이를 통해 얻은 것을 아이에게도 전하고 싶었습니다. 고가의 교육 서비스나 장난감으로 얻을 수 없는 것을 해주고 싶었습니다. 더 풍부한 삶의 감각을 말입니다.

내 아이가 잘 읽고 쓰고 말하고 생각하며 삶의 감각을 가지길 원한 이유는 다양한 경험을 하는 것을 넘어 강한 자아를 가진 독립적인 어른이 되길 바라기 때문입니다. 그건 자신의 삶을 자기답게 살아내는 힘을 기르는 일과도 맞닿아 있습니다. 저를 오늘 하루 충실히 살게 만드는 건 읽고 쓰고 감각하는 일이니까요.

그렇다면 강한 자아를 가진 어른이란 무엇일까요? 독립적인 어른이란 무엇일까요? 제가 생각하는 이런 어른은 자기 삶의 방향을 스스로 정하고, 타인과의 관계에서도 자신의 경계를 지키며 건강하게 소통할 줄 아는 사람입니다. 더불어 스트레스를 처리하는 능력을 갖추고 적절한 일과 취미와 사회에 관한 관심과 즐거움을 즐기는 어른이라 생각하는데요. 이 모든 것에 언어의 힘이 자리한다고 믿습니다.

언어의 힘은 단순히 말을 잘하고 글을 잘 읽고 쓰는 것이 아닙니다. 말과 글 속에 있는 정보를 이해하고 맥락을 알고 활용하는 능력입니다. 이를 위해 저는 아이가 태어나면서 수많은 책과 논문과 자료를 읽었습니다. 아이가 성장하는 중에는 읽는 데만 그치지 않고 제가 얻은 정보들을 아이와 함께 그리기, 말하기, 읽기, 쓰기 활동으로 연결했습니다. 그사이 학교, 도서관, 책방에서 만난 유아부터 성인까지 두루 관찰하고 경험하며 얻은 것도 잊지 않고 기록했습니다.

이 책은 아이의 반짝이게 빛나는 시절을 기록한 육아 에세이도, 아이의 학습 능률을 높이기 위한 교육서도 아닙니다. 어린이의 세계에서 어른의 세계로 잘 건너갈 수 있게 해주는 언어생활을 통해 어린이가 독립적인 어른, 생각하는 어른이 되길 바라는 마음으로 쓰인 글이죠. 어린이가 자신의 삶을 위해 읽고 쓰는 일을 꾸준히 해나가기 위해 영아기부터 초등학교 저학년까지 활용하면 좋은 '어린이 리터러시 생활 안내서'입니다.

앞으로의 세상은 점점 더 서로를 돌보고 이해하는 일이 어려워질 것이라고 합니다. 기술은 놀라운 속도로 발전하는 중이지만, 그만큼 사람과 사람 사이의 거리는 멀어지고, 삶은 점점 빠르게 납작해지고 있습니다. 극단적인 양극화와 정보의 넘침 속에서 우리는 더 자주 길을 잃을지도 모릅니다. 그렇기 때문에 우리는 지금, 여기에서 삶을 위한 리터러시를 이야기해야 합니다. 느리고 다정한 언어로, 존재의 감각을 잃지 않기 위해서요.

우리는 모두 어린이였습니다.
우리가 어린이와 함께 자라는 어른이면 좋겠습니다.
그러면 나의 어린이는, 당신의 어린이는, 우리의 어린이는,
더욱 나은 세계에서 더 나은 방식으로
존재의 감각을 다하며 살아갈 겁니다.

 차 례

 PART 01    준비운동    어린이 리터러시 생활을
하기 전에

## 그리기

**손끝에서 피어나는, 문자 이전의 언어**

PART
02

PART
03

## 말하기

**좋은 대화는 건강한 성장의 바탕이다**

읽기 ——— 사고력이 깊어지는
고차원 인지 활동

PART 04

PART 05

쓰기 ——— 어린이의 말글 생활이 완성되는
언어활동의 꽃

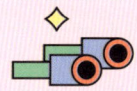

## 미디어 리터러시

AI 시대,
금지보다 현명한 활용이 낫다

PART
06

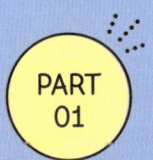

PART
01

# 준비운동

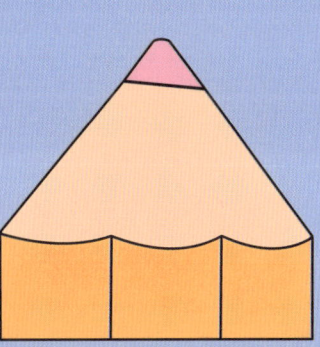

어린이는 저마다 세상을 배우고 이해하는 속도와 방식이 다릅니다.

기질과 처한 환경도 다르고요. 어린이뿐 아니라 양육자도

삶의 기대나 가치관이 모두 다릅니다.

이젠 틀에 맞춰 똑같은 목표를 향해 달리는 세상에서 변화하고 있습니다.

학습만을 위해 뛰어선 안 됩니다.

그러므로 그리기, 말하기, 읽기, 쓰기, 미디어 활용 활동을

구체적으로 알아보기 전에 어린이 리터러시 생활 안내서가 왜 필요한지,

무엇을 위해 필요한지 함께 생각해봅시다.

# 리터러시 생활,
# 유아기부터 해야 하는 이유

요즘 시대의 어린이는 태어날 때부터 미디어가 함께합니다. 음악을 듣고 영상을 보며 놀이하고 학습하며 자랍니다. 놀잇감도 대체로 빛, 소리, 이미지의 즉각적인 반응이 일어납니다. 즉각적인 반응은 기다리고 생각하고 상호 반응하는 기회를 빼앗아버립니다. 심심해하며 혼자 궁리하고 놀이를 만드는 시간도 사라졌죠. 물론 미디어를 무조건 멀리하라는 말은 아닙니다. 미디어가 재미있고 유용하고 효과적인 것도 일부 사실이니까요. 다만 미디어를 통한 언어생활과 읽고 쓰고 말하는 경험을 통해 얻은 언어생활은 분명 다릅니다.

여전히 소수의 어린이는 고전과 어려운 텍스트를 읽고 쓰고 생각을 나누고 있습니다. 디지털 시대이고 생성형 인공지능 시대라지만 읽고 쓰고 생각을 나누는 일은 더욱 맹렬하게 학습 격차를 벌리고 더 나아가 돈벌이와 직업적·사회적 권력이 됩니다. 가장 큰 격차는 자신의 삶에 대한 권력입니다. 이 경험은 자꾸자꾸 불평등을 만들어낼 겁니다. 누군가는 이런 일 따위가 무슨 불평등을 만드느냐고 말할지 모르겠습니다. 하지만 제대로 읽고 쓰고 말하는 일은 공동체를 읽고 세상을 알아가는 일의 시작이 됩니다. 따라서 디지털 매체와 인공지능이 정보를 빠르게 제공한다고 해도 어린이가 그것을 자신의 언어로 체화하고 꺼내는 경험은 따로 마련되어야 합니다. 넘치는 정보가 나의 삶과 어떻게 연결되는지를 해석할 언어 감각은 자연히 자라지 않으니까요.

유아기는 '존재의 감각'이 형성되는 시기입니다. 말하기 이전에 이미 느끼고, 세상을 관찰하며 자신만의 방식으로 소통합니다. 이때의 언어 경험은 단순히 단어를 배우는 데서 그치는 것이 아니라 나를 감각하고 표현하는 기초가 됩니다. 모든 어린이는 말과 글을 통해 자신의 감정을 알아차리고, 정리하고, 표현하는 법을 배웁니다. 이것은 살아 있는 감정과 생각을 다루는 연습이기도 합니다. 그래서 리터러시는 단지 글을 읽고 쓰기 위한 기술이 아니라, '나'라는 존재를 자각하고 타인과 연결되기 위한 시작점인 것입니다.

또한, 유아기에 만난 언어, 이야기, 책은 평생의 사고 구조와 상상력의 틀을 만듭니다. 읽고 듣고 말하는 과정은 아이의 뇌를 구조화합니다. 논리적 사고, 공감력, 문제 해결의 기반이 되어 삶을 해석하는 배경이 됩니다. 언어는 결코 혼자 익힐 수 없습니다. 어린이는 어른의 말을 들으며 모방하고, 친구와 갈등을 겪으며 조절을 배우고, 이야기를 나누며 자신의 감정에 이름을 붙이는 방법을 익힙니다. 이는 단지 소통을 위한 기술이 아닙니다. 자율적인 인간으로 성장하기 위한 기초 체력을 쌓는 과정입니다. 유아기의 리터러시 경험이 평생의 사고방식을 형성하게 되는 것이죠. 즉, 학령기 준비만이 아니라 삶을 살아갈 준비입니다. 어떤 이야기를 듣고, 어떤 말을 배우고, 어떤 생각을 나누었는가에 따라 아이는 세상을 두려워하지 않고 이해하며, 관계 속에서 자기 자신을 지켜내는 힘을 가지게 되니까요. 이 힘은 리터러시 능력 향상을 통해 얻을 수 있습니다.

그렇다면 리터러시란 무엇일까요? 리터러시(literacy)는 단순히 글을 읽고 쓰는 능력을 넘어, 정보를 이해하고 맥락을 알고 활용하는 능력을 말합니다. 어린이가 리터러시 능력을 키우면 배움, 사고, 창의, 상상, 소통, 공감, 문제 해결력까지 전반적인 능력이 향상합니다. 결국, 세상을 더 깊이 이해하고, 주체적으로 살아갈 힘을 기르게 되는 것이죠. 그래서 문해력과는 차이를 두어 이 책에서는 리터러시로 구분했습니다.

제가 가장 사랑하는 일 중 하나는 내 아이의 손을 잡고 걷는 일입니다. 도톰하고 따뜻한 아이의 손을 꽉 잡습니다. 혹시나 내가 손을 놓치면 아이가 차에 치이진 않을까, 넘어져서 심하게 다치진 않을까, 무서운 상상도 합니다. 하지만 언젠가는 분명 아이의 손을 놓아야 할 때가 올 겁니다. 그때가 되면 저 끝이 없는 울퉁불퉁한 길을 아이 혼자 걸어가야 하겠죠. 그렇게 성장한 아이가 자기의 삶을 스스로 선택하고 나아갔으면 좋겠습니다. 어린이의 삶을 위한 리터러시 교육은 아이가 부모의 손을 놓고 혼자 걸을 때까지 필요한 일이라고 생각합니다.

따라서 리터러시 생활은 유아기부터 시작되어야 합니다. 유아기에 시작되는 리터러시는 삶 전체를 지탱하는 근육이자 삶을 설계하는 '언어적 자기 확장력'이 됩니다. 읽고, 쓰고, 말하며 자신을 확인하고, 관계를 맺고 살아내기 위한 감각을 키우는 일이니까요. 그 시작은 바로 지금입니다.

# 사회적 지능이 좋은
# 어린이의 비밀

아이가 여섯 살 때, 비 오는 어느 날이었습니다. 유치원 등원 버스가 저 멀리 보이니 동네 아이들이 한 줄로 섰습니다. 선생님께 "안녕하세요" 인사를 하고 아이들이 차례차례 버스를 탔습니다. 아이를 버스에 태운 후에도 바로 집으로 돌아가지 않고, 선생님과 다른 아이들이 비에 젖을까 봐, 제가 쓰고 있던 큰 우산을 버스 입구에 바짝 대주었죠. 그랬더니 줄을 서 있던 여러 아이 중 한 아이가 저에게 고개를 돌려 "고맙습니다" 하고 인사했습니다.

요즘은 기관에서 '고맙다', '미안하다'와 같은 예의 표현을 배우고 연습합니다. 아이들은 친구나 어른에게 "고마워", "고맙습니다"라고 자연스럽게 잘 말합니다. 그러나 대부분의 아이가 자신에게 직접적인 호의를 베풀었을 때만 이렇게 반응합니다. 이를테면 과자를 받았거나 선물을 받았거나 칭찬을 받았을 때처럼요. 자신에게 직접 건넨 호의에만 반응하는 것은 어른도 마찬가지입니다. 모두를 대상으로 한 호의에 감사하는 어린이와 어른은 드뭅니다.

왜 한 아이만 제게 감사 인사를 건넸을까요? 그 아이의 부모나 주변 어른 중 누군가 남이 우산을 씌워주면 "고맙습니다"라고 인사해야 한다고 가르쳐주었을까요? 아마 그 아이는 타인의 관점을 수용(perspective-taking)하는 능력과 공감(empathic concern)하는 능력과 같은 사회적 지능이 발달했기 때문일 것입니다. '젖은 옷과 머리가 불편이나 불쾌를 초래'하는 상황을 상상하는 관점 수용 능력과, '나와 친구들이 비를 맞지 않았으면 하는 마음'을 지닌 덕분입니다. 더 크게는 저의 호의를 단순한 예의를 넘어 공동체의 안녕을 위한 배려로 이해한 것입니다. 물론 아이는 이렇게 복잡하게 생각해서 감사 표현을 하지는 않았을 겁니다. 직간접적인 경험을 통해 내재적으로 알게 된 것이죠.

미국 심리학자 에드워드 손다이크(Edward Thorndike)는 사회적 지능이란 남녀노소를 이해하고 이들과의 관계를 현명하게 관리하고 운영하는 능력이라고 정의했습니다.* 즉, 사회적 지능은 어디에 있는지, 어떤 사회적 상황에 처해 있든지 현명하고 공감적으로 행동할 수 있게 해주는 능력입니다.

그렇다면 사회적 지능은 어떻게 해야 커질까요? 그 시작은 관찰과 모방과 사회적 피드백의 반복적 경험입니다.** 어린이는 우선 주변 어른과 또래의 사회적 행동을 관찰하며 공동 주의(joint attention)를 갖습니다. 어린이가 어른이나 또래가 바라보는 대상에 함께 주목하며 '저 사람이 무엇을 하는 걸끼?'를 인지하는 것이죠. 이를 모방하며 '이렇게 하면 어떻게 반응할까?'를 직접 행동하며 느낍니다. 주변의 칭찬·지적·표정 변화를 통해 자기 행동이 타인에게 어떤 영향을 주는지 학습합니다. 사회적 피드백을 주고받는 것입니다. 이 과정을 반복하면서 어린이는 점차 어떤 행동이 타인에게 긍정적인 영향 혹은 부정적인 영향을 주는지를 배웁니다.

그러나 어른도 어린이도 모든 경험을 반복할 순 없습니다. 어떤 경험은 평생 한 번도 하지 못하니까요. 이와 같은 직접 경험의 한계는 다른 방식으로 보완이 가능합니다. 읽고 쓰는 것을 중심으로 한 리터러시 활동을 통해서입니다. 다양한 상황과 감정에 놓인 그림책 읽기를 통해, 또래 친구와 어른과의 대화를 통해, 자기감정을 표현하는 그리기나 일기 쓰기를 통해서요. 어린이는 이와 같은 다채로운 리터러시 활동을 통해 다양한 사회적 맥락을 간접적으로 체험하고, '관찰→모방→피드백'의 과정을 내면화함으로써 관점 수용 능력과 공감 능력을 효과적으로 강화할 수 있습니다.

그렇다면 사회적 지능이 좋은 어린이는 어떻게 자라게 될까요? 어린 시절부터 타인의 관점에서 보고 감정을 교감하며 자란 사람들은 단순히 '사교적인' 성향을 지니는 것 이상으로 넘어섭니다. 갈등 해결과 중재 능력을 갖춰 성숙하게 소통하는 어른, 정서적 안정과 자기 조절력을 가진 공감하는 어른, 원활한 인간관계를 맺으며 협력하는 어른 등 사회에서 긍정적 변화를 이끄는 어른이 됩니다.

결국 삶을 위한 리터러시 능력이 사회적 지능이 좋은 어린이를 만들고 좋은 어른으로 자라게 합니다. 나의 아이도 사회적 지능이 좋은 어린이와 어른으로 자라기를 바라며 전 오늘도 아이의 손을 잡고 집을 나섭니다. 나와 나의 아이만 보지 않고 내가 사는 공동체를 모르는 체하지 않기로 다짐하면서요.

*    Thorndike, E. L., Intelligence and its Uses, Harper's Magazine, 140, 1920.
**   Goleman, D., Social Intelligence: The New Science of Human Relationships, Bantam Books, 2006.

# 리터러시 생활 전, 이런 마음가짐이 필요하다

이 책을 들추며 자신의 아이를 '어떻게 가르칠까?' 혹은 '어떻게 알려줄까?'를 먼저 생각하셨나요? 이 책의 시작은 '왜 가르쳐야 할까?'와 '무엇을 위해 이 교육이 필요한가?'입니다. 리터러시는 기술이기 이전에 삶을 감각하는 힘입니다. 듣고 말하고 읽고 쓰는 행위가 어린이의 존재를 밝히고, 관계를 잇고, 세계를 이해하게 만드는 여정이 되어야 한다는 믿음에서 출발합니다.

"책도 많이 읽고 쓰고, 책방도 운영하니까 아이는 책 육아를 하겠어요."

아이가 태어난 후 지금까지도 종종 듣는 말입니다. 책 육아법이나 독서 교육법까지 여러 질문을 받곤 하죠. 더구나 제가 중등교사 자격증과 독서논술지도사 자격증까지 가진 걸 알면 독서를 학습과 연결 지어 효율적이고 효과적인 결과를 얻는 방법을 묻곤 합니다. 그럴 때마다 전 되묻습니다.

"책 육아법이 뭔가요? 책 육아가 진짜 도움이 되나요?"

사실 '책 육아'라는 말은 책으로 육아하는 방법을 알아낸다는 의미인지, 책을 통해 육아를 해낸다는 뜻인지 헷갈립니다. 책 육아의 목표도 모호합니다. 책을 좋아하는 어린이가 목표인가요, 성적이 좋은 어린이가 목표인가요? 일반적인 문해 교육서는 '읽고 쓰는 기술'을 강조합니다. 하지만 저는 삶의 감각을 회복하는 언어적 감각, 존재의 기반으로 확장하는 리터러시가 필요하다고 생각합니다. 어린이가 어린이의 세계에서, 어른과의 관계에서 그리고 어른이 되어가는 과정에서 필요한 힘 말입니다.

리터러시 능력이 좋은 사람은 공부든, 일이든, 삶이든 자신을 위해 해내리라고 생각합니다. 물론 학령기의 학습에도 도움이 될 테죠. 그러니 어린이 리터러시 안내자이자 양육자 혹은 교육자가 되고 싶은 어른이라면 다음과 같은 마음을 가져주세요.

첫 번째는 책을 장난감처럼 가지고 놀아도 됩니다. 책을 흩뜨렸다가 쌓았다가 밟았다가 넘어뜨렸다가 오렸다가 그렸다가 구겼다가 뜯었다가 하며 놀아도 됩니다. 책은 예쁘게 순서대로 꽂아두기 위해 사는 물건도, 중고 거래를 하기 위해 고이 모셔두는 물건도 아닙니다. 방바닥에 요란스럽게 책이 깔려 있어도, 책장에 책이 소란스럽게 꽂혀 있어도 괜찮습니다. 나의 아이는 태어나자마자 책이 한가득한 집에서 지냈습니다. 거실에도 부엌에도 침실에도 서재에도 책이 있었습니다. 여기저기에서 책을 읽는 저의 버릇 때문에 반듯하게 정리정돈하지 못한 환경이었죠. 아이에게 위험하지 않도록 책이 무너지거나 떨어지지 않게 해둔 정도였습니다.

아이의 책이 늘어나면서 아이의 손에 책이 쉽게 닿도록 서가의 맨 아래 칸과 그 위 칸을 아이에게 내주었습니다. 아이는 처음엔 모든 책을 꺼내서 흩뜨리기도 하고, 도미노처럼 책을 쌓아 넘어뜨리기도 하고, 성을 만든다며 블록처럼 사용하기도 했습니다. 내일 읽을 거라며 책장에서 책을 빼두고, 좋아하는 책이라 표지가 잘 보여야 한다며 바닥에 책을 주욱 늘어놓기도 했죠. 아이가 조금 자라고 나서는 못 쓰는 책을 낱장으로 뜯어 동물원 팝업북을 만들기도 했습니다.

물론 산만한 환경을 참지 못하는 양육자도 있을 테죠. 전 다행히 아이가 집 안을 어질러놓아도 괜찮은 양육자입니다. 아이가 책을 놀잇감으로 사용하고 정리까지 하면 더 좋겠지만, 그렇지 않더라도 괘념치 않으셨으면 좋겠습니다. 매일 아이와 함께 책이라는 물성을 만지고 표지 그림을 보는 것으로 리터러시 생활을 시작해도 좋습니다.

두 번째는 아이의 선택을 기다려주세요. 아이가 선택한 책, 선택한 색, 선택한 그림, 선택한 말, 선택한 단어들을요. 가끔은 어른의 시선에서 '뭘 저런 책을 보지?' 혹은 '저런 걸 왜 그리지?'

할지 모릅니다. 아니, 자주 그럴지도요. 아이도 작고 큰 자신의 선택이 실패하거나 성공함을 느낍니다. 성공 여부를 떠나서 자신이 스스로 선택하는 경험을 반복적으로 하다 보면 아이는 자기 효능감을 높여갈 겁니다.

반대로 모두 양육자에게 선택해달라는 아이도 있습니다. 스스로 선택하기가 겁나기도 하고 "난 어리니까 잘 몰라"라고 말하기도 하고요. 이럴 땐 아이가 쉽게 선택할 수 있도록 선택지를 주세요. 예를 들어, 색칠 놀이를 할 때 "하늘은 무슨 색으로 칠할까?"라고 물어봐주세요. 그리고 하늘색, 빨간색, 보라색, 무지개색 등 아이 스스로 색을 고를 수 있도록 해주세요. 아이가 오래도록 색을 고르지 못해도 채근하지 말고 기다려주세요. 아이는 자신의 속도대로 자라납니다.

세 번째는 아이가 고른 책, 표현하는 말, 글, 그림 등을 평가하지 말아주세요. 그림 그리기도 글쓰기도 만들기도 어른의 눈으로 누가 잘했는지 평가하곤 합니다. 어린이든 어른이든 리터러시 활동은 등수를 매길 수 없습니다. 물론 입시 미술이나 논술 평가, 글쓰기 공모전, 스피치 대회 등이 있지만, 이는 정해진 규정에 맞춰 노력한 완성된 '결과'물을 평가하는 자리입니다. 하지만 어린이와 함께하는 리터러시 생활은 '과정'이 중요합니다.

어쩌면 아이가 읽어달라며 고른 책이, 표현하는 말과 글이, 그림이 양육자에게는 마뜩치 않을 수 있습니다. 예를 들어, 아이가 양육자가 예상하지 못한 색을 고르면 아이에게 이유를 물어보세요. 나의 아이가 스케치북 종이에 까만색을 가득 칠하고 빨간색 동그라미를 그린 날이었습니다. 다양한 색을 섞어 그리길 바랐던 저는 아이에게 물었죠.

"이건 뭐야?"

"하늘이야."

"그런데 왜 까만색이야?"

"깜깜하니까."

그러곤 아이는 다시 그림 그리기에 열중했습니다. 그림을 모두 그리고 나서 아이가 그림에 관해 설명해주었어요. 지구에 소행성이 떨어지고 있는 모습이었습니다. 빨간색 동그라미가 떨어지는 소행성이었습니다. 이미 큰 소행성이 떨어져 지구를 덮친 먼지로 하늘이 깜깜해진 장면이었죠. 아이는 그림을 설명하다 말곤 "아, 맞다!" 하더니 빨간색 동그라미 끝에 노란색 꼬리를 그렸습니다. 아이가 그린 빨간색 바다는 해가 비친 바다일 수 있고, 보라색 하늘은 땅거미가 지기 시작한 하늘일 수 있습니다. 어른도 각자가 상상하는 하늘이 모두 파란 하늘은 아닙니다. 파란 하늘이라도 모두 다른 파란색을 생각하니까요.

네 번째는 일상에서 함께할 수 있는 만큼 '함께' 해주세요. 부모는 그것이 무엇이든 아이에게 완벽하게 해주고 싶어 합니다. 하지만 화르르 열정을 불태우거나 치밀한 계획을 세우지 않아도 됩니다. 아이의 성장 속도에 맞추어 내가 할 수 있는 만큼만 해도 충분합니다. 저 역시 아이에게 모두 최고로 해주긴 어렵습니다. 시간의 양이 많은 것보다 양질의 경험과 관계 맺기가 중요합니다. '아이에게 줄 수 있는 가장 큰 유산은 부모가 잘 살아낸 태도'라는 말이 있습니다. 내가 먼저 나의 삶을 단단하게 살아내야 합니다. 내 삶을 희생해 아이에게 쏟을 게 아니라 나와 아이가 함께하는 삶이어야 합니다. 불안해하지 않아도 됩니다. 아이는 어른의 생각보다 훨씬 강하니까요.

그리고 마지막으로 아이가 어떤 삶을 살기 바라는지 생각해 보세요. 이 모든 활동을 함께하는 이유를 찾으세요. 아이를 위한 놀이, 배움, 교육, 경험은 아이의 삶을 위해 하는 활동들일 겁니다. 교육 서비스 유행을 따라가지 않아도 충분히 괜찮습니다. 내 아이를 위해 이 모두를 관통하는 질문이 필요합니다. 양육자가 방향을 잃지 않으면, 아이를 위한 모든 과정이 학습을 위한 공부가 아닌, 삶을 위한 배움이 될 것입니다.

이처럼 어린이의 삶을 위한 리터러시 생활은 양육자의 마음에서 시작합니다. 세계를 감각하며 마음을 먹고 자란 어린이는 분명 건강하게 자랄 겁니다.

PART
02

# 그리기

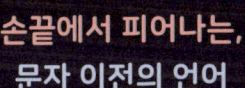

손끝에서 피어나는,
문자 이전의 언어

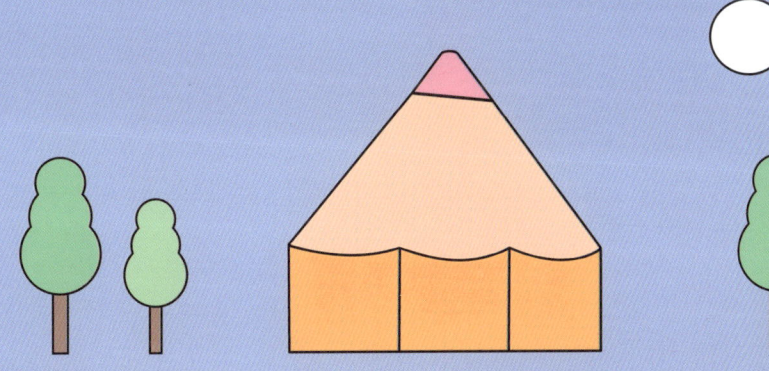

태초의 언어 표현은 그리기였습니다.

인류는 그리기를 통해 정보를 전달하고 역사를 기록하고

감정을 표현하고 미래를 상상했습니다.

인류의 역사에서 가장 오래된 언어 표현인 그리기는

한 인간의 역사에서 가장 처음으로 시작되는 언어 표현이기도 합니다.

그리기는 아이가 태어나 손에 무언가를 쥘 작은 힘이 생기면 시작됩니다.

처음엔 부족한 힘으로 끼적이는 낙서처럼 보이지만,

아이는 그 얇고 옅은 선 안에 자기의 생각을, 마음을, 세계를

투영하기 시작합니다.

이번 장에서는 아이의 문자언어 생활 이전부터 그 이후까지 이어지는,

읽고 쓰고 표현하는 활동의 배경이 되는 그리기 활동을 알아봅니다.

# 표현이 시작되는 색칠 놀이

우리 집 거실의 작은 테이블 위에는 항상 색연필과 크레용이 흩어져 있습니다. 스케치북과 낱장의 종이들, 색칠 도안이 가득하죠. 지금 아이는 제 옆에서 폭발하는 화산과 태양을 칠하고 있습니다.

"엄마, 용암은 빨갛게 태양은 파랗게 칠할 거야!"

"와! 파란 태양이라니!"

아이는 더욱 신이 나 알록달록 그림을 색칠합니다.

"용암에 있는 이 하얀색은 뭐야?"

"용암 파도야. 바다처럼 용암도 파도가 있어."

저는 아이 옆에 앉아 아이가 질문하면 대답하고, 그림에 관해 대화합니다.

"엄마, 이건 무슨 색이야?"

처음 아이가 그림을 그리기 시작했을 땐, 빨간색·파란색·노란색·초록색·보라색처럼 기본적인 색이름만 알았습니다. 그런데 점차 많은 것을 보고 인지할수록 색이름도 세분화해 이야기하고 궁금해하더라고요. 그렇다고 처음부터 아이에게 많은 색의 색연필이나 크레용을 줄 필요는 없습니다. 아이에게 좋은 도구를 쥐여주고 싶어 처음부터 50색, 70색씩 사주는 양육자가 있는데요. 12색부터 시작해 차츰 24색, 36색으로, 나중에 50색으로 늘려도 됩니다. 오히려 너무 색이 많으면 선택하기 어렵기 때문입니다. 아이가 색이름을 모두 알고 적절하게 색을 선택해 사용할 때마다 색상 수를 늘려주면 됩니다.

"이건 카키색이야. 진흙과 비슷한 색이야."

"엄마, 나 황토 산책길에서 이 색 봤어."

아이의 경험이 늘어감에 따라 어휘도 자연스럽게 늘고 생각의 연결도 다양해집니다.


아이들이 4세가 되면 말하기와 그리기, 쓰기를 통해 자신과 자신의 생각을 표현하기 시작합니다. 그중 제일 먼저 나타나는 표현 방식이 색칠하기입니다. 대체로 색칠 놀이는 색이 칠해져 있지 않은 도안에 색을 칠하는 활동인데요. 색칠 놀이는 활동적이지는 않아도 아이들에게 흥미진진한 놀이입니다. 온종일 색칠 놀이를 하는 아이들도 있으니까요.

색칠 놀이는 아이들의 소근육이 발달하는 데 도움이 됩니다. 색칠 놀이를 하다 보면 색이름은 물론 세모·네모·마름모·동그라미와 같은 모양을 알고, 세모와 네모가 만나면 집 형태가 됨을 인지하게 됩니다. 그리고 다양한 사물과 사람의 형태나 구조를 알게 합니다. 따라서 유아가 손에 색연필을 쥘 수 있고 끄적거리기에 관심을 두기 시작한다면, 색칠 놀이로 그리기와 쓰기의 첫 단추를 꿰어도 될 때라고 생각해도 좋습니다.

유치원에 가면 색칠하기, 그리기, 만들기 활동을 많이 합니다. 배우는 주제에 따라 손을 움직이는 활동들입니다. 초등학교에 입학해도 그리기와 만들기 활동을 합니다. 아직 읽기, 쓰기, 말하기가 숙련된 상태가 아니라 이를 통해 읽기, 쓰기, 말하기를 연습하는 활동이기도 하죠.

색칠 놀이는 단순히 손을 움직여 색을 칠하는 활동일까요? 색칠 놀이의 효용은 여러 가지입니다.

첫 번째로 삶과 자기표현의 시작입니다. 색칠 놀이는 아이들의 생각과 감정을 표현하는 중요한 수단입니다. 언어적 표현이 아직 미숙한 아이들은 색과 모양을 통해 마음의 세계를 마음껏 표현합니다. 자기 자신을 형성하고 창조적 사고를 키우는 시작이 되는 것이죠.

두 번째로 사회화 과정의 하나입니다. 모든 놀이가 사회화 과정을 촉진하지만, 유아기에 시작되는 표현 놀이는 또래 친구나 가족과의 친밀한 관계를 촉진합니다. 특히 하나의 도안으로 공동 색칠 활동을 하는 것은 협력, 타협, 규칙 준수 등의 사회적 기술을 배우는 방법입니다. 함께 대화하면서 색칠하기 때문인데요. 간단한 놀이이지만 아이는 친구나 부모와 함께하며 사회적 관계를 형성하고 완성하는 과정과 결과물을 통해 성취감을 느낄 수 있습니다.

　세 번째로 다양한 문화와 예술을 학습합니다. 아이들이 색칠하는 도안은 특정 장면을 보여줍니다. 예를 들어, 즐거운 명절, 동화 속 캐릭터, 유명 랜드 마크, 화가의 명작 등을 색칠하면서 아이들은 자신이 속한 사회의 가치와 문화를 배우게 됩니다.

　네 번째로 다양한 감정을 느낍니다. 색칠 놀이는 기분을 좋게 하고, 스트레스를 줄이는 효과가 있어 안도감과 여러 감정을 느끼게 합니다. 빨간색·주황색·노란색과 같은 따뜻한 색과 파란색·초록색과 같은 차가운 색은 아이들에게 각각 다른 느낌을 주죠. 따뜻한 색 안에서도 노란색은 행복이나 희망을 느끼게도 하고요. 특정한 색을 보면 특정한 감정을 느끼는 것은 개인의 경험, 배경, 정보 등에 따라 달라질 수 있지만 색이 가진 보편적 정보가 있으니까요.

　다섯 번째로 학습을 준비하는 과정이 됩니다. 색칠 놀이는 단순히 즐거운 활동이 아니라 지능적인 능력, 운동 능력을 기르는 기초 단계입니다. 손의 힘을 기르면서 글씨를 쓸 수 있는 준비를 하고, 어떤 색으로 어떤 곳을 칠하고 나누고 배치할지 생각하는 과정을 거치며 문제 해결 능력을 키워나갑니다. 본격적인 한글, 영어, 숫자 교육 등으로 나아갈 초기 부분을 담당하는 것이죠.

보통 색칠 놀이는 어린이에게 유익한 활동으로 여겨지지만, 일부 사람들은 단점이 있다고 주장합니다. 미리 그려진 이미지에 색만 채워 넣는 구조화된 색칠 놀이는 어린이의 상상력을 제한해 창의성이 부족하고, 빌딩 블록 쌓기나 롤플레잉처럼 끝이 없는 놀이에 비해 수동적인 활동이라고 보는 것이죠. 실제로 아이를 관찰해보니, 정해진 범위 안을 꼼꼼하게 빠트리지 않고 잘 색칠해야 한다는 압박감을 느끼면서 실수를 두려워하는 모습도 보였어요.

따라서 색칠 놀이는 다른 창의적이고 신체적인 활동과 균형을 이룰 때 가장 좋습니다. 아이의 흥미에 따라 꼭 도안이 없어도 됩니다. 백지에 색만 칠해도 괜찮고, 도안을 아이가 직접 그리거나 양육자와 함께 그려도 됩니다. 그리고 아이의 발달 단계에 따라 도안을 칠하는 색칠 놀이에서 그리기, 쓰기로 자연스럽게 넘어갈 수 있도록 양육자가 도와야 합니다. 종이 자르기, 만들기, 종이접기 등처럼 다양한 손 운동 활동이 없다면 손의 힘이 균형 있게 발달하도록 해야 하고요.

아이와 색칠 놀이를 할 때 잊지 말아야 할 건, 또래 사이에서도 사회적·가치적·환경적 영향에 따라 색을 고르는 능력, 색칠하

51개월, <무지개>

52개월, <아이스크림>

60개월, <꽃과 기린>

는 능력, 색을 배치하는 능력 등에서 차이가 난다는 겁니다. 아이의 성장이 모두 다른 만큼 놀이나 활동에서도 차이가 나기 마련입니다. 색칠이 삐뚤빼뚤해도 괜찮고 여러 색을 사용하지 않아도 됩니다. 꼼꼼하게 칠하지 않아 흰 종이가 듬성듬성 보여도 상관없고요. 어린이 저마다의 독특한 색칠 놀이 접근 방식을 존중하고 창의성과 자기표현을 키워주는 것이 중요합니다.

아이는 처음엔 정형화된 도안을 색칠하다가, 51개월 이후엔 자신이 도안을 직접 그려서 색칠 놀이 활동지를 만들기 시작했습니다. 좋아하는 무지개와 아이스크림을 여러 형태와 색으로 그리고 색칠했습니다. 이후엔 동물이나 풍경으로 확장해나갔어요.

# 낙서가 드로잉이 되는 순간

미술의 기초는 드로잉(drawing)입니다. 그림이든 조각이든 콜라주든 무엇이든요. 드로잉이란 '그리다', '얻다' 등의 뜻을 가진 영어 단어 'draw'에서 파생된 말입니다. 펜, 연필, 목탄, 크레용 등 그림 도구를 이용해 선 위주로 그리는 것을 드로잉이라고 합니다. 르네상스 시기에 탄생한 데생(dessin)과는 다릅니다. 데생은 밑그림이나 습작을 뜻하는데요. 최근에는 드로잉이 독립적인 미술 작품으로 인정받고 있으며 회화의 경계를 넘어 의미가 확장되고 있습니다. 드로잉이 데생보다 더 큰 개념인 것이죠.

제가 생각하는 드로잉은 '생각의 밑그림'입니다. 여기에서 중요한 핵심은 회화나 조각을 위한 '밑그림'이 아니라 '생각'입니다. 생각을 표현하는 것이라면 그것이 무엇이든 드로잉이 될 수 있어요. 연필, 크레파스, 색연필, 물감 또는 자연물이나 사물을 붙이는 어떤 매체나 방법도 좋습니다.

아이가 도구를 손에 쥐게 되면 드로잉 생활이 시작됩니다. 글자도 그림도 드로잉이 되죠. 아이의 생각과 아이디어가 가장 직접적이면서 자연스럽고 자유스럽게 나타납니다. 성인은 상상력의 단계와 행동의 단계가 대체로 구분됩니다. 그래서 그림을 그릴 때, 생각하고 상상하고 구성하고 밑그림을 그리고 결과물을 예상하며 행동합니다. 작업보단 작품을 생각하기 때문입니다. 하지만 아이는 상상을 하며 직접적으로 행동합니다. 그렇기 때문에 아이의 드로잉은 더 많은 의미와 생각과 이야기를 가지고 있기도 합니다.

아이의 발달에 따라 드로잉도 변화합니다. 처음엔 수직적인 선의 겹침과 반복이 나타납니다. 선이 중첩되면서 보이지 않기도 합니다. 바로 난화기 단계입니다. 난화는 '끄적거리다'라는 의미를 지닌 영어 단어 'scribble'을 번역한 말인데요. 무엇이든 끄적거리며 표현하기 시작하는 시기를 난화기라고 합니다. 아이는 "이거 사과야", "이거 바나나야"라고 말합니다. 사실 어른이 보기엔 블랙홀처럼 보이지만 말이죠. 아이들은 이 시기에 대체로 형태가 단순한 사물을 따라 그리려 시도합니다. 다음 단계에서는 동그라미, 네모, 세모와 같이 도형이 보입니다. 여기서도 겹침과 반복이 나타납니다. 한 번의 선으로 매끄러운 도형을 그리기까진 시간

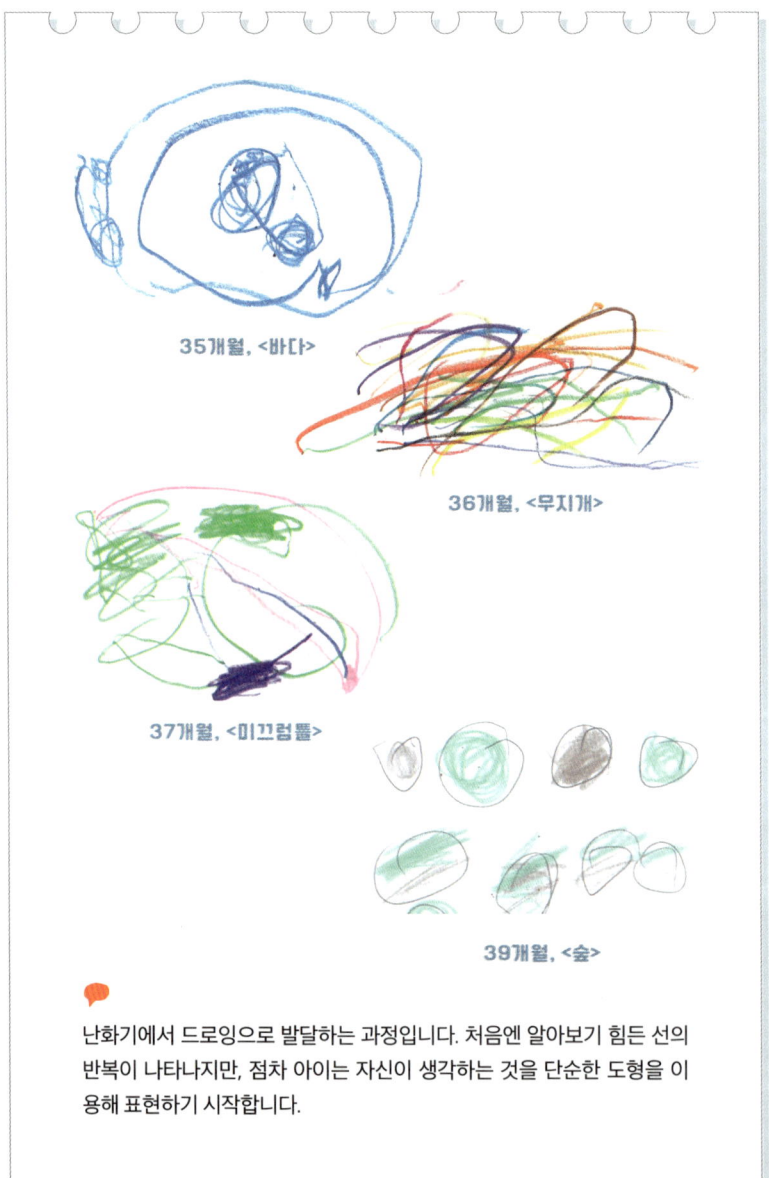

35개월, <바다>

36개월, <무지개>

37개월, <미끄럼틀>

39개월, <숲>

난화기에서 드로잉으로 발달하는 과정입니다. 처음엔 알아보기 힘든 선의 반복이 나타나지만, 점차 아이는 자신이 생각하는 것을 단순한 도형을 이용해 표현하기 시작합니다.

이 걸립니다. 동그라미를 그리더라도 한 번이 아니라 세 번, 네 번 겹쳐 그리곤 합니다. 네모와 세모보단 동그라미를 먼저 그리는 아이들이 많습니다. 네모와 세모를 비율에 맞춰 그리고, 네모도 정사각형, 직사각형, 마름모를 구분해 그리는 데는 역시나 시간이 꽤 지나야 하고요.

이후엔 도형을 닮은 덩어리와 자유로운 선이 결합해 나타납니다. 이때에도 선의 시작과 끝이 딱 떨어지지 않습니다. 선이 열려 있기도 하고 시작과 끝이 다르기도 하죠. 하지만 덩어리와 선이 연결되어 하나의 형태를 만들어냅니다. 자기만의 질서를 만들고 세계의 질서를 포착해냅니다. 꽃, 공룡, 동물, 사람 등 그리는 대상은 다양해지고 비물리적인 개념을 그리기도 하죠. 이를테면 사랑, 바람, 봄 같은 것들요. 이 단계에선 우연성의 발화가 큽니다. 그리려는 마음과 그리는 손이 적확하게 일치하지는 않지만, 의도한 바가 비슷하게 나타나기도 하고 예상하지 못한 결과물이 나오기도 합니다.

마지막 단계에 이르면 자기 생각을 형상화해 드로잉을 합니다. 손을 예민하게 사용할 수 있는 시기입니다. 올바르지 않아도 연필이나 색연필을 잘 사용하고, 가위질도 잘합니다. 색종이, 스케치북, 노트, 재활용 종이의 뒷면 등 캔버스는 어디든 관계없습니다. 이 단계에서 아이는 덩어리와 선에 이야기를 붙입니다. 주인공 외에 소품과 배경을 함께 그립니다. 명확한 덩어리가 아니더라도 선과 선으로 덩어리를 추측해 그립니다. 때론 덩어리와 배경을 색칠합니다. 이때부턴 드로잉의 다음 단계로 나아가게 됩니다. 회화가 되기도, 콜라주 작업이 되기도, 조형물이 되기도 하는 것이죠.

간혹 드로잉과 스케치를 혼재해 사용하기도 합니다. 스케치(sketch)는 '즉흥적으로 완성하다'라는 의미의 라틴어 'schedios'에서 유래한 단어입니다. 어떤 대상을 간결하고 빠르게 그린 걸 스케치라고 합니다. 다만 스케치는 사물이나 장면을 관찰해 그린 밑그림이란 의미로 더 많이 사용됩니다. 드로잉이란 개념 안에 스케치가 포함된 것이죠.


뇌과학자 박문호 박사는 자신에게 초등학생 아이가 있다면 스케치 학원에 보내겠다고 했습니다. 스케치는 추상적 개념을 훈련하는 가장 좋은 방법이라고 했죠. 관찰하고 생각해 그리는 스케치 훈련을 통해 추상화 사고가 가능해진다고 했습니다. 형상화 능력은 훈련을 통해 발달합니다. 습득이든 학습이든 훈련이 필요하죠. 이 형상화 능력은 역사학, 물리학, 생물학 등 모든 학문에 도움이 된다고 합니다.

추상화 사고가 가능해지려면 정보량이 이미 많이 쌓여 있어야 합니다. 일부 학자는 중학생은 되어야 추상화 사고가 가능하다고도 보고 있습니다. 아이들은 세부적인 개념을 받아들인 후 추상

60개월, <과일들>

60개월, <동물들>

아이가 자신이 생각한 것을 드로잉하고 채색하게 되는 순간들이 옵니다. 자신의 생각대로 표현되기 시작하면 그때부터 정말 폭발하듯이 색칠하고 드로잉하고 그리기 시작할 겁니다.

화 과정으로 올라갑니다. 추상적인 개념을 이미지로 형상화하기 위해 뇌는 운동 출력을 합니다. 뇌에서 몸의 각 부분에 실행 명령을 보내는 것이죠. 이를테면, 색종이 몇 장으로 입체적인 사물을 만든다고 가정해보세요. 평평한 색종이에서 이미지를 끄집어내야 합니다. 한 장은 머리, 한 장은 몸통, 한 장은 다리, 한 장은 꼬리가 되고 이를 어디서 어떻게 연결할지 이미지를 상상해 형상화하는 것이 곧 운동 출력을 하는 과정입니다.

스케치는 멀리 있는 것들을 연결하는 창의성을 증진하는 데도 효과가 있다고 합니다. 문제를 갖고 방황하는 것이 창의성이라고 하는데요. 눈앞의 현안만이 아니라 목적이 있는 방황을 통해 원격 연상을 하며 문제를 해결하는 것입니다. 박문호 박사는 종이접기를 통해 입체적 형상을 만드는 것도, 레고 블록을 쌓아 입체 구조를 만드는 것도 스케치와 같은 효과가 있다고 보았습니다. 그 이유는 천천히 쌓아간다는 공통점 때문이죠. 세상의 어떤 일도 한 번에 완성되는 일은 없으니까요.

이처럼 스케치를 포함한 드로잉은 결과보단 과정이 중요합니다. 선을 연결하고, 선과 선이 형태를 만들고, 추상적 사고가 형상화되는 모든 과정의 시작엔 드로잉이 있습니다. 드로잉은 매끄러운 선과 그림을 그리는 게 목표가 아닙니다. 선이 매끄럽지 않아도 괜찮습니다. 엉망이어도 괜찮습니다. 아이는 드로잉을 통해 자신과 세상을 관찰해나가는 중이니까요.

# 그리는 것도
## 쓰는 것

내 아이가 자라며 무엇을 좋아할까요? 무슨 일을 하게 될까요? 어떤 삶을 살까요? 아마 모든 부모가 궁금할 겁니다. 수천 가지 직업 중 몇 가지를 대표하는 물건을 올리고 한 돌잡이에도 의미를 두고, '자동차를 좋아하면 이과, 공룡을 좋아하면 문과'라는 이야기가 유아기 내내 떠도는 이유겠죠. 하루는 아이와 함께 가수, 농부, 선생님, 의사, 과학자, 파일럿 등 다양한 직업이 나오는 책을 보았습니다.

"어른이 되면 뭐 하고 싶어?"

"그림 잘 그리고 싶어."

"그림?"

"응. 내가 생각하는 대로 다 그리고 싶어."

예상하지 못한 대답이었습니다. 그림을 잘 그리고 싶다니요. 당시 아이가 가장 좋아하던 건 자기 생각을 그림으로 표현하는 일이었습니다.

좋아하는 것은 정보나 언어로만 이어지는 게 아닙니다. 나의 아이는 공룡을 좋아하며 미술도 좋아하게 되었어요. 소근육이 발달하며 난화기에 들어섰을 때, 공룡 박물관에서 공룡 모양의 색연필을 사준 우연이 그 시작이었습니다. 아이는 색연필 공룡의 꼬리와 머리를 잡고 끄적거렸고, 공룡 도안을 색칠했습니다. 이후 크레용, 색연필, 사인펜, 고체 물감, 붓 물감, 팽이 또는 돌멩이 모양의 각종 그림 도구를 갖고 놀았어요. 색이름도 자연스레 알아갔습니다. 모든 나무가 초록색이 아니라는 것을 깨닫고, 초록색, 풀색, 연두색, 이끼색, 검은 초록색으로 구체적으로 구분했습니다. 점차 자기만의 색이름도 붙이게 되었고요. 이를테면 색에 단순한 특징을 더하는 방식으로요. 먼지 회색, 민들레 노란색처럼요. 물체의 특징이나 요소로 색이름을 붙이는 것을 넘어 나중엔 마법에 걸린 보라색, 비밀을 가진 황금색 등 상상력을 더한 색이름을 만들어냈습니다. 색을 구분할 줄 안다는 것은 세상을 다양한 색깔로 구분해 보는 일 이상입니다.

아이는 44개월부터 자신의 난화에 이름을 붙이기 시작했어요. 46개월이 되면서부터는 난화기를 지나 공룡을 재현했습니다. 많은 아이가 난화기를 지나고 자아 표현을 합니다. 자아 표현이란 사람의 형태를 그린다는 말인데요. 나, 아빠, 엄마, 할머니, 할아버지, 선생님 등 자신과 자기 주변의 사람을 그립니다. 대체로 아이들은 4세에서 7세 사이에 사람을 그리기 시작합니다. 만 4세 생일 전후에 영유아 건강검진 사업의 일환으로 실시하는 한국 영유아 발달선별 검사지에 간단한 도형으로 사람을 그리는지 묻는 문항이 있는 것도 그 이유입니다. 검사에서는 사람의 신체를 세 가지 이상 완성해 그려야 합니다. 이를테면 얼굴, 눈 두 개, 입을 그리거나 얼굴, 몸통, 다리 두 개를 그려야 합니다. 5세가 넘어가면 사람의 신체 특징을 곧잘 따라 그리고 6세에서 7세 사이에는 형태 개념을 습득해 실제 형태의 특징을 잡아 그리기 시작합니다.

하지만 나의 아이는 난화기 때부터 자신이 가장 좋아하는 공룡을 시도 때도 없이 그렸습니다. 어른의 눈에는 동그라미 몇 개 세모 하나 정도로 보이는 그림을 그리곤 공룡이라고 말했습니다. 그렇게 점점 끄적거리는 시간이 늘어나더니 하루에 한 번은 "이제 미술 시간이야"라며 공룡을 그렸습니다. 미술 시간이 가장 재밌다고 말할 즈음 "이건 스피노사우루스야"라며 동그란 얼굴에 눈, 선으로 목과 몸통과 꼬리, 앞발 두 개와 뒷다리 두 개, 뿔이나 돌기, 골판 등 각각의 공룡이 가진 특징을 그려냈어요. 아이는 공룡을 재현한 지 한 달도 되지 않아 그림에 스토리를 붙여 설명하기 시작했습니다. 마치 그림책의 한 장면을 그리고 글 대신 말로 이야기하는 것처럼요.

49개월, <친구와 나>

선부터 형상화까지 얼굴과
사람 드로잉이 발달해나간
과정입니다.

56개월, <수박 먹는 엄마>

60개월, <우리 가족>

"우주에서 소행성이 떨어지고 있어. 이건 화산이야. 벨로키랍토르 무리가 도망가고 있어."

"공룡이 땅에 묻혔어. 이제 매머드랑 인긴들이 등장했어. 포유류 시대야."


낙서는 드로잉으로, 그림 그리기로, 글쓰기로 이어집니다. 낙서가 그리기 욕구로 이어지고, 그리기는 글쓰기 욕구의 밑바탕이 됩니다. 연필을 잡고 노트에 쓰는 것만이 글쓰기가 아닙니다. 서사를 가지고 말하면 그것이 곧 글쓰기가 됩니다. 특히 연필을 쥐는 것도 서툴고 글씨 쓰기가 어려운 시기엔 쓰고 싶은 것을 그리는 것도 좋아요. 그림은 이야기의 한 장면을 다각적으로 생각해 그려야 합니다. 한 장면이지만 그 장면의 앞과 뒤에 이야기가 붙는 거죠. 아이는 자신이 하고 싶은 이야기를 스토리 보드나 그림책처럼 연속으로 그리기도 합니다.

그리기 활동과 함께 어른이 옆에서 아이의 말을 옮겨 적어줘도 좋습니다. 나의 아이도 아직 글씨를 쓰지 못하던 때, 아이는 말하고 나는 받아쓰기를 했습니다. 조금 문장이 서툴러도 아이의 언어를 그대로 받아 적었어요. 아쉬울 땐 아이의 말을 고치기보단 질문을 던졌고요. 질문에 엉뚱한 대답을 할 때도 있고, 장난을 칠 때도 있고, 정확히 내 의도를 파악하는 때도 있고, 내가 생각지 못한 말을 할 때도 있었습니다. 어떤 경우이든 아이의 말이나 생각을 고치려고 하지 않았어요. 대신 "왜 그렇게 생각해?"라고 물었습니다. 물론 처음엔 질문의 절반에 "몰라"라고 대답했지만요. 그리고 아이는 자기 생각을 옮겨 적은 글자를 자꾸 읽어달라고 했습니다. 아이도 글쓰기에서 오는 자기 성취감을 느낀 것이죠.

예술적 기질이나 공간 지능이 높은 아이들은 더 활동적으로 그림 그리기를 합니다. 그렇다고 그림 그리기가 선천적 재능의 영역은 아니에요. 형형색색의 도구로 낙서하고 색칠하는 활동을 싫어하는 아이는 없으니까요. 만약 낙서하고 색칠하는 활동을 싫어하는 아이가 있다면 아이의 손바닥과 발바닥에 물감을 묻혀주고 큰 종이에 몸을 움직이며 찍게 해주세요. 스펀지를 별, 꽃, 구름, 하트 모양으로 잘라 물감을 꾹꾹 눌러 묻혀서 큰 나무나 정원을 꾸미게 해주세요. 아이가 좋아하는 장난감이나 캐릭터를 그려 마음껏 좋아하는 색으로 칠하게 해주세요. 분명 아이는 다음 날 먼저 미술 도구를 꺼내 올 겁니다.

이렇듯 아이에게 배움은 훈련이 아니라 놀이여야 합니다. 아이가 좋아하는 것을 통해 아이의 신체, 인지, 언어는 물론 정서와 창의성과 사회성 발달까지 이어질 수 있습니다. 이미 놀이의 효용성에 대한 연구는 상당합니다. 이때 놀이는 아이가 자율적으로 선택하게 합니다. 즐거움을 바탕으로 해야 규칙이 있더라도 아이의 상상력이 동원되죠. 아이가 미술에 재능이 있거나 미술을 놀이 이상으로 생각한다면 그때 미술 테크닉을 배워도 늦지 않습니다. 원

만 2세

만 3세

만 4세

선부터 형상화까지
공룡 드로잉이 발달
해나간 과정입니다.

만 5세

아이가 그린 공룡

하는 것을 표현하기 위해선 기술뿐 아니라 이론도 알아야 하니까요. 하지만 그전에는 다양한 놀이 활동 중 하나로 즐기게 해주세요.

미국의 심리학자이자 교육자인 존 듀이(John Dewey)는 놀이와 일이 관심과 결과를 지향하므로 동일하다고 보았습니다. 여기서 일이란 아이들에겐 학습이나 목표가 있는 활동입니다. 다만 아이들에게 놀이와 일은 결과를 얻는 과정의 길이에 차이가 있을 뿐입니다. 놀이는 일회성으로 끝나고 일은 지속성을 가져야 하는 활동이니까요. 따라서 아이가 놀이를 통해 배움을 얻으려면 지속성을 가져야 합니다. 그렇다면 좋아하는 것이어야 지속성을 가지지 않을까요?

책이든 그림이든 아이의 성향과 성격, 발달 정도나 흥미에 따라 양육자가 함께해주면 좋습니다. 그리고 낙서든 그림이든 글쓰기든 말하기든 꼭 표현하도록 해주세요. 호기심과 흥미는 한순간 생기기도 하지만 정말 한순간에 사라지기도 하니까요. 아이가 의문을 갖는 것, 궁금한 것, 느끼는 것이 무엇인지 양육자가 함께 이야기를 나누는 것이 중요합니다. 아이가 온 마음으로 좋아하는 하나가 있다는 건 정말 큰 행운입니다. 아인슈타인이 말한 $E = mc^2$ 즉, 소량의 질량이 큰 에너지로 전환될 수 있다는 말은 아주 틀린 말은 아니니까요.

# 종이접기와
# 종이 장면 만들기

아이가 난화기를 지나 선으로 형태를 표현하고 덩어리를 그리기 시작한 36개월이 지난 후였습니다. 같은 시기 아이는 종이에 무척 관심을 가지더군요. 스케치북이나 드로잉북으로 시작해 색종이, 종이접기 종이, 재활용을 위해 모아둔 전단지나 버려질 책까지도요. 처음엔 종이비행기나 종이배를 접었습니다. 아이에겐 종이를 접어 누르는 힘과 기술이 없었고 모서리를 반듯이 맞추지도 못했죠. 공룡이나 동물, 꽃 등을 종이로 만드는 영상을 보면서도 처음엔 조금 따라 하다가 "도와줘요"를 외치곤 했습니다. 아이의 종이접기는 종이비행기-종이배-동물-공룡을 지나 여러 장의 종이로 하나의 무언가를 만드는 것으로 발전했습니다.

그렇게 아이가 자라 50개월 때의 일입니다.

"엄마, 내가 토끼 만들어줄게."

아이는 색종이와 가위와 테이프를 들고 쓱싹쓱싹 토끼 만들기에 열중했습니다.

"토끼가 방아 찧어!"

아이는 절구와 방망이와 두 마리의 토끼를 삐뚤삐뚤 색종이로 접어 만들었어요. 그림처럼 한 장면으로 만들고 싶었는지 군데군데 테이프를 붙여 이것들을 하나로 연결했고요.

"토끼가 방아 찧는 이야기는 어떻게 알았어?"

"책에서 봤어. 방아 찧어서 떡 만든대."

유치원에서 떡에 관해 배우면서 떡방아 찧는 토끼 설화를 들었나 봅니다. 이후로 아이는 종이의 세계와 만났습니다.

소근육이 발달하는 만 5세 정도가 되면 종이접기를 곧잘 시작합니다. 종이접기는 소근육 발달은 물론 창의력 발달에도 좋은 활동으로 알려져 관심 갖는 양육자들이 많죠. 또한, 규칙에 맞게 순서대로 진행해야 하므로 문제 해결력도 높아지고 논리적 사고도 기를 수 있습니다. 종이접기를 하면서 정사각형, 직사각형, 마름모꼴, 삼각형 등 도형 개념에도 자연스럽게 노출되고, 특수한 접기 방법과 용어, 기호, 약속 등을 습득하게 됩니다. 아이스크림접기, 날개접기, 사선접기 등 다양한 어휘도 사용하게 되고요. 평면의 종이가 입체적으로 바뀌며 형태를 만들어가기 때문에 공간

지각력도 좋아지고요. 유아 수학에서 똑같은 도형이나 반복되는 형태를 찾거나 방향이 달라진 모양을 찾게 하는 문제를 보셨을 겁니다. 이를 평면만 보고 상상하는 것이 아니라 종이접기를 통해 구현해볼 수 있죠. 이런 교육적 효과를 안 독일 교육학자 프리드리히 프뢰벨(Friedrich Fröbel)은 종이접기를 통해 유아가 스스로 수학과 기하학의 원리를 발견할 것이라 주장하면서 처음으로 형식적 교육에 소개했습니다.

종이접기는 공간지각력 발달에도 유효합니다. 하버드대학교 교수인 하워드 가드너(Howard Gardner)는 공간지각력 발달이 다중 지능 발달에도 영향을 미친다고 보았습니다.* 다중 지능 발달이란 서로 독립적인 지능인 언어 지능, 논리·수학 지능, 공간 지능, 신체·운동 지능, 음악 지능, 자기이해 지능, 자연주의적 지능, 대인 관계 지능 등이 서로 유기적으로 영향을 주고받는다는 이론입니다. 그렇다면 종이접기가 다중 지능 발달로 이어지는 활동이라고도 볼 수 있지 않을까요?

무엇보다 종이접기를 아이들이 좋아하는 이유는 본인이 노력해 직접 만든 결과물을 놀잇감으로 사용한다는 것인데요. 매끈하게 잘 만들어진 장난감이나 놀이 규칙이 정해진 놀이가 아니기 때문입니다. 여기서 아이들의 자기 효능감도 높아지는 것이죠. 어려운 종이접기가 아니어도 됩니다. 정사각형 색종이의 모서리를 두 번만 접어 집을 만들어도 되고요. 종이 위에 사인펜이나 크레파스로 그림을 그려도 좋습니다.

미국 발달심리학회 논문을 살펴보면** 2세 초에는 접기 시도가 가능해집니다. 정확도는 낮지만, 종이를 이리저리 접기 시작하죠. 3~4세 사이엔 1차 접기 성공률이 급격히 상승합니다. 한 번 내지 두 번은 삐뚤빼뚤해도 종이를 접습니다. 모서리를 선에 맞추거나 정확히 반듯하게 접지는 못합니다. 정확한 형태의 접기 완성은 4~6세가 되어야 가능해집니다. 이 무렵의 아이에게는 다섯 번 내의 접기로 완성할 수 있는 간단한 종이접기가 적당하다고 합니다. 단계가 10번 이상인 접기는 7세 이후인 초등학교 입학 후에 대체로 하고요.

종이접기는 목표와 규칙이 있습니다. 그래서 모든 아이가 좋아하진 않습니다. 결과물만 원해서 어른들에게 접어달라고 하는 일도 많고요. 나의 아이는 6세가 되면서 본격적으로 종이접기를 시작했습니다. 15×15센티미터의 보통 색종이 외에도 5×5센티미터의 미니 색종이, 30×30센티미터의 대형 색종이가 항상 채워져 있어야 했습니다. 처음엔 정말 5단계 정도면 완성되는 간단한 것을 접었습니다. 이후 어려운 단계를 접어달라고 하더니, 언제부턴가 꽤 난이도 높은 종이접기도 혼자 해냈습니다. 글씨를 빠르게 읽지 못하던 때였기에 종이접기 영상을 선생님 삼아 매일 한두 장씩 접은 후였죠. 종이접기 규칙을 스스로 창안해내기도 했습니다.

종이접기와 종이로 장면 만들기는 다릅니다. 종이접기가 평

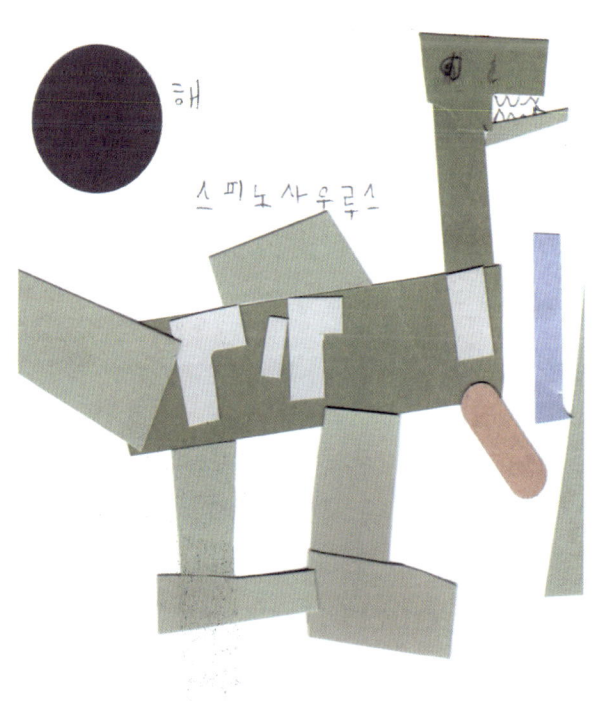

해

스피노사우루스

**50개월, <스피노사우루스의 산책>**

💬 아이는 50개월경부터 종이를 마구 잘라 붙여 형태나 장면을 만들기 시작했습니다. 〈스피노사우루스의 산책〉은 공룡이 등장하는 책을 읽다가 책 속의 공룡과 똑같이 종이로 그리겠다며 만든 장면입니다. 눈과 이빨은 볼펜으로 직접 그렸고, 글씨는 아이의 손을 잡고 함께 썼습니다.

색종이 개스세메ㅁㅁㅁ ㅇㅇ

2ㅁ ㅁ삐삐.
3ㅁ삐ㅁ.
4ㅁㅁㅁ.
5ㅁㅁㅁ.
6ㅁㅁ...
7ㅁ...
8ㅁㅁㅁ.
9ㅁ ㅁㅁㅁ.
10ㅁㅁㅁ.
11ㅁㅁㅁㅁ.

허서준

**66개월, <신나는 내 모습>**

💬 종이접기 규칙을 스스로 창안해 그렸습니다. 이를 따라 자기 모습을 접었어요.

면을 입체로 사고하는 게 중점이라면, 종이로 장면 만들기는 '장면'이 중요합니다. 장면이란 '어떤 장소에서 겉으로 드러난 면이나 벌어진 광경'입니다. 장면은 공간과 시간과 행위가 있어야 합니다. 즉, 이야기를 만든다는 의미입니다. '토끼가 달에서 떡을 만들기 위해 방아를 찧는다', '악어가 놀이터에서 꼬리로 미끄럼틀을 타고 내려온다'처럼요. 종이로 장면 만들기는 이야기를 구현하는 일이라 정해진 규칙이 없고 표현 방법은 다양합니다. 색종이나 버려진 종이를 찢고 오려 붙이며 아이와 함께 장면을 만들어보세요. 하얗고 빳빳한 새 종이가 아니어도 됩니다. 오래된 잡지나 버릴 종이를 배경 삼아 붙여도 좋습니다. 중요한 건 장면을 만들어 아이와 양육자가 대화하는 것이라는 사실을 잊지 마시고요.

　나의 아이의 종이로 장면 만들기는 종이를 찢어 종이에 붙이며 시작되었습니다. 아이가 그리고 붙여 만든 첫 장면은 제주의 검은 모래 해변이었습니다. 아이와 함께 제주 여행을 간 적이 있었는데요. 검은 모래 해변에서 바지를 걷고 모래를 파고 쌓고 파도를 피하지 못해 바지가 몽땅 젖은 기억이 오래 남았었나 봅니다. 아이는 스케치북에 파란색 크레파스로 바다를 칠하더니 회색 종이를 찢어 모래 해변을 만들었죠. 거기에다 무늬가 있는 색종이를 오려 자신과 엄마, 아빠의 뒷모습을 그려냈습니다. 여기서 더 발전하면 종이를 접어 만든 오브제를 모아 종이에 붙여 장면을 만들기도 합니다.

종이 붙이기는 현대미술의 콜라주 작업과 비슷합니다. 콜라주(collage)란 '풀칠하다'라는 뜻의 프랑스어 'coller'에서 유래했는데요. 종이, 사진, 천이나 나뭇가지, 단추 등 재료를 오리거나 붙여서 새로운 이미지를 만드는 미술 기법입니다. 파블로 피카소(Pablo Picasso)를 포함한 입체파 미술가들이 최초로 시도한 기법이죠. 최초의 콜라주 회화 작품은 피카소의 〈등나무 의자가 있는 정물〉(1912)입니다. 〈등나무 의자가 있는 정물〉은 밧줄로 테두리를 감고 등나무 의자 무늬의 식탁보를 오려 붙인 작품인데요. 이전까지 회화란 붓으로 물감을 찍어 캔버스에 그리는 것이었는데, 피카소는 일상에서 흔히 구할 수 있는 것들을 붙여 콜라주 작품을 만들었습니다. 이후로 지금까지 많은 회화 작가는 물론 어린이, 청소년, 성인들의 미술 교육이나 일상예술 교육에도 사용하는 기법이 되었어요. 종이는 평면 작업과 입체 작업은 물론 공간에 조형적 설치도 가능한 재료가 되었습니다.

종이는 현대인이 가장 손쉽게 접할 수 있는 재료입니다. 그래서 무관심의 대상이기도 하죠. 종이는 캔버스이고 재료이고 영감이고 매체입니다. 더구나 종이는 종류에 따라 색도 질감도 두께도 반사 정도도 다릅니다. 평면이지만 입체로도 전환될 수 있고요. 다양한 종이를 손으로 만지고 붙이고 감각하는 일은 신체적 감각과 정서적 감각을 예민하게 발달시킵니다. 대체로 아이가 7세까지 어떤 자극을 받느냐에 따라 뇌의 구조와 기능이 바뀐다고 합니다. 이에 따르면 유전적인 요인보다 어떤 경험을 하느냐, 어떤 환경에 놓이느냐가 중요한 역할을 한다고 볼 수 있는데요. 읽기와 쓰기, 그리기와 만들기, 말하기 생활까지 종이를 뺀 지극은 감히 상상할 수 없습니다. 아이 손의 감각은 곧 뇌의 감각으로 이어질 겁니다.

★    Gardner, H., Frames of Mind: The Theory of Multiple Intelligences, Basic Books, 1983.

★★   Brittany, G., etc, Knowing How to Fold'em: Paper Folding Across Early Childhood, Human Kinetics Journals, Vol.6, No.1, 2018.

# 종이 한 장으로
# 책 만들기

"엄마, 내가 우리나라 책 만들었어!"

아이가 유치원에서 종이 한 장으로 『우리나라』와 『떡』 책을 만들어 온 날이었습니다. 선생님이 준비한 '한복-한글-궁-떡-태권도' 등과 '송편-절편-인절미-가래떡-수수팥떡-화전' 등 도안과 글씨를 색칠하고 따라 쓰는 간단한 활동이었어요. 한글을 막 공부하기 시작한 아이들은 그림을 보고 단어를 말하거나 색칠하고 따라 쓰는 활동을 많이 합니다. 본격적으로 읽고 쓰기 전에 익히는 거죠. 그런데 아이는 '책'이라는 물성을 가진 결과물에 의미를 두었습니다.

처음에 아이는 '우리나라'라는 상위 주제에 들어가는 하위 소재들에 관심을 가졌습니다. '한복-한글-궁-떡-태권도'가 우리나라라고 하더군요. 다음에는 이 단어의 순서를 중요하게 생각했어요. 아이의 머릿속엔 이 단어들이 이 순서대로 나열되면서 얼기설기 이야기가 생긴 모양이었습니다. 제가 종이의 순서를 다르게 접어 그림의 순서가 바뀌자, "한복 다음에 한글 다음에 궁 다음에 떡 다음에 태권도야!"라며 원래 그림 순서로 돌려놓길 바랐습니다. "이야기가 틀려!"라면서요. 이윽고 다시 순서대로 맞추고선 종이를 한 장 한 장 펼치더니 "나 책 읽을 거야" 하더군요.

다음에는 종이를 접으면 책이 된다는 과정에 관심을 가졌습니다. 아이는 가장 커 보이는 A3 종이를 두 장 들고 왔습니다.

"책 만들 거야."

"무슨 책?"

"공룡 놀이공원, 만들 거야!"

몇 초의 망설임도 없이 말하더군요.

"좋아, 우리 그림책 만들자."

전 아이가 좋아하는 공룡 도안을 넣고 글씨를 써주려고 했습니다.

"아니야, 내가 할 거야. 내가 작가야."

그러나 아이는 백지에 자기 생각대로 오리고 붙이고 색칠했습니다. 저는 '아이가 아직 어려서 무리야'라고 여기면서 '이왕이면 예쁜 결과물을 만들어야지' 하고 생각했던 거였죠. 하지만 아이는 결코 제가 생각하는 결과물이 중요하지 않았습니다. 자신의 손으로 책을 만든다는 활동 자체를 즐거워했습니다.

"여기에 붙일까? 아니다. 여기에 붙여야지."

"여기에 붙이면 어때? 더 예쁠 것 같은데?"

"아니야. 그럼 스테고사우루스랑 고르고사우루스가 못 만나."

아이는 비록 글씨는 쓰지 못하지만, 자기만의 이야기를 만들었습니다. 글씨 없는 그림책인 거죠. 아이는 표지에 자신의 이름을 썼습니다. 처음으로 보지 않고 말이죠. 삐뚤빼뚤하고 획을 쓰는 순서는 틀렸지만요.

"표지엔 작가 이름을 써야 해."

어느덧 하얀 종이 두 장은 두 권의 책이 되었습니다.

"짜잔, 완성. 내가 책 읽어줄게!"

낱말 카드를 여러 장 붙인 모양새였습니다. 한껏 신난 아이는 책을 들고 표지부터 한 장씩 책을 읽었습니다. 아니, 자신의 머릿속 이야기를 들려주었습니다. 아이는 자신이 만든 이야기를 더 좋아했어요. 준비해둔 도안을 그럴듯하게 색칠해 결과물을 만드는 활동을 즐거워하기보다 스스로 생각하고 상상한 것을 그리고 말하는 과정을 즐거워했습니다. 주제부터 이야기, 종이를 오리고 붙인 위치까지 모두 자신이 선택해 만든 것이니까요.

아이는 다른 책보다 스스로 만든 책을 더욱 소중히 여겼습니다. 책 속 그림과 이야기를 지금도 기억하고 있을지 모르겠습니다. 지금 이 작은 책들은 아직도 아이의 책꽂이에 소중하게 꽂혀 있습니다. 아이의 성장은 신체적으로만 일어나지 않습니다. 심리적 성장도 중요하죠. 자신의 손으로 만든 책을 보면서 아이는 '나 혼자도 충분히 할 수 있어'라고 생각했을 겁니다.

종이 한 장으로 책 만드는 방법은 여러 가지가 있습니다. 그 중에서 아이가 더 흥미를 느끼는 방법을 선택하면 됩니다.

첫 번째는 가장 단순한 방법이 좋습니다. 나의 아이가 『우리나라』와 『떡』에 관해 배우며 활동한 것처럼요. 간단한 도안과 낱말을 써서 아이가 색칠하게 하는 방법입니다. 낱장의 종이에 그리고 색칠한 후 종이를 스테이플러로 집어도 되고, 구멍을 뚫어 링으로 묶어도 됩니다. 한 장의 종이를 접고 또 접어도 좋고요. 공룡, 곤충, 동물, 자동차, 과일 등 아이가 좋아하는 주제로 함께 만들어보세요.

두 번째는 아이가 말하게 하고 어른이 그려주거나 써주는 방법입니다. 책을 기획하고 생각을 나누는 것부터 모든 과정을 함께 만듭니다.

"우리 무슨 책을 만들어볼까?"

"꽃 책."

"무슨 꽃부터 등장해?"

"음……."

"봄꽃부터 해볼까? 봄꽃은 뭐가 있을까?"

"민들레!"

큰 질문에서 구체적인 질문으로 나아갑니다.

"봄꽃은 뭐가 있을까?"

"단풍잎!"

아이가 다소 엉뚱한 대답을 하더라도 답을 바꾸려고 하지 마세요.

"단풍잎은 가을에 피는데?"

"가을에 펴서 겨울을 이겨낸 거야, 봄까지."

두 번째까지 아이가 경험했다면, 세 번째 활동으로는 이젠 아이가 마음껏 종이에 이야기를 그리고 붙이게 해주세요. 조금 더 그림책에 가까운 형태로요. 수족관에 다녀온 날 아이는 자신의 방 벽면에 파란색 색종이 여덟 장을 이어 붙였습니다.

"엄마, 여기가 바다야."

"수족관이 아니고 바다야?"

"응. 더 넓은 곳에서 수영하라고. 다 같이 놀면서."

종이로 만든 문어, 상어, 고래, 고등어, 해초, 물방울을 만들어 파란색 색종이 위에 붙였습니다.

"와, 액자다. 미술관 그림 같아. 이제 책으로 만들 거야."

아이는 벽에 붙인 종이 그림으로 한참을 놀더니 떼어내 반으로 접었습니다.

"이렇게 접었다가 열면 상어랑 고래가 튀어나오는 책이야."

알아보기 힘든 그림과 글씨라도 괜찮아요. 삐죽빼죽해도 괜찮아요. 이야기가 엉성해도 괜찮습니다.

이야기만 짓는 것이 아니라 책이라는 물성으로 만들어진 결과물까지 본 아이는 더 큰 성취감을 느낄 겁니다. 우리가 살면서 처음부터 끝까지 모든 과정을 겪고 결과물을 만드는 일은 그리 많지 않습니다. 그리고 종이 한 장으로 책 만들기를 함으로써 이야기를 만든다는 것, 책을 쓴다는 것을 거창한 일로 생각하지 않게 됩니다. '아! 나도 할 수 있구나'라는 생각을 가지게 되는 거죠. 아이는 이 작은 8쪽, 16쪽짜리 종이책을 시작으로 계속 자기만의 이야기를 지어나갈 겁니다.

## ⭐ 8쪽 책 만들기

골짜기모양접기와 산모양접기를 교차로 접으면 병풍 모양의 8쪽 책이 됩니다.

## ⭐ 아코디언 책 만들기

골짜기모양접기와 산모양접기를 교차해서 접으면 두 개의 이야기가 있는 책이 됩니다.

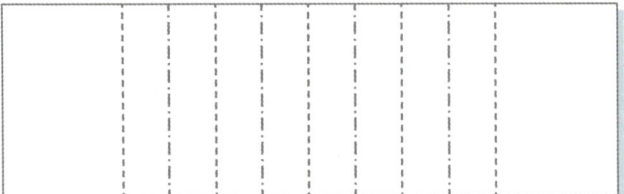

## ★ 16쪽 책 만들기

골짜기모양접기와 산모양접기를 하고 중앙 부분을 잘라 접어주면 16쪽 책이 됩니다.

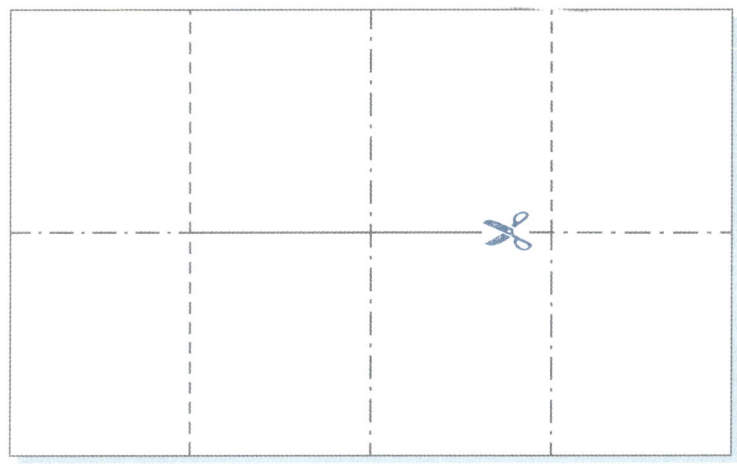

---------------- 골짜기모양접기(안쪽으로 접기)

—·—·—·—·—·— 산모양접기(바깥으로 접기)

# 낱장의 종이로 책 만들기

### ★ 링 바인딩으로 책 만들기
낱장의 종이를 한데 모아 왼편에 구멍을
뚫어 색색의 링으로 묶으면 책이 됩니다.

### ★ 스테이플러로 미니 책 만들기
낱장의 종이를 한데 모아 왼편을 스테이
플러로 집고, 스테이플러를 집은 곳을 마
스킹 테이프로 덮어주면 책이 됩니다.

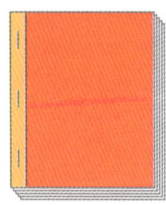

### ★ 중철 책 만들기
펼친 면이 위로 가도록 종이를 모아 접어
가운데를 스테이플러로 집어주면 중철
형태의 책이 됩니다.

# 예술적 경험을
# 위한 공간

미국 국립예술기금위원회(National Endowment for the Arts, NEA)가 1982년부터 매년 발표하는 '공공예술참여도조사(Survey of Public Participation in the Arts, SPPA)'를 보면, 어린 시절 문화예술에 대한 경험이 성인이 된 후의 문화예술 향유와 소비에 영향을 미친다는 결과가 있습니다. 누군가는 성인이 된 다음에 얼마든지 문화예술을 향유하고 소비하면 된다고 생각할지 모릅니다. 하지만 어릴 때부터 문화예술을 많이 접촉한 어린이가 자신의 취향을 스스로 결정할 수 있는 어른으로 자랍니다.

그리고 중요한 건, 그 과정입니다. 어린이에게 문화예술을 경험하게 해주는 데는 여러 이유가 있습니다. 학습 성취도를 높여주고, 스트레스를 해소시켜주고, 감정을 표현하고 이해하게 해주는 중요한 도구이고, 창의적 사고를 키워주기 때문이라는 등의 이유 말이죠. 그중 저는 예술적 경험을 위한 공간에 주목합니다. 공간에는 기존의 틀을 깨고 새로운 방식으로 사고하는 능력을 주는 기회가 있다고 생각하는데요. 행동과 환경이 서로 영향을 주고받는다고 믿기 때문입니다. 이는 행동-인지주의(Behavioral-Cognitive) 학자들이 행동주의와 지능주의의 핵심 개념을 결합해 인간의 학습과 행동을 설명하는 이론과도 부합합니다. 인간은 보상과 처벌을 통해 학습하는 것이 아니라 다른 사람을 관찰하고 모방하며 학습한다는 사회 학습 이론(Social Learning Theory)도 포함되고요.

많은 어린이가 모방을 통해 성장합니다. 모방을 통해 언어나 행동, 사회적 관습은 물론 상황을 해석하고 기대하거나 기억하는 방식을 알게 됩니다. 모방으로 자기 효능감과 자기 조절도 배우죠. 양육자와 또래 친구, 동네 이웃, 기관이나 학원에서 만나는 선생님, 어느 특정 장소나 공간에서 우연히 부딪히는 사람들 모두로부터요. 특히 유아기엔 모방이 더 또렷하게 나타납니다. 딸이 엄마의 화장하는 행동을 따라 하거나, 역할 놀이를 할 때 집에서 벌어졌던 상황을 따라 하죠. 나의 아이도 제가 한 말을 그대로 따라 하는 시기가 있었습니다. 읽어주는 책, 들었던 음악을 모두 똑같이 반복하는 시기도 있었고요.

어느 날은 제가 미술관에서 찍은 사진을 우연히 아이가 보게 되었어요. 에드바르 뭉크(Edvard Munch)와 베르나르 뷔페(Bernard Buffet)의 전시를 보러 가 찍은 사진들이었습니다.

"엄마, 여기 어디야?"

"미술관이야."

"미술관이 뭐야?"

"그림도 보고 조각도 보는 곳이야."

"나도 그림 보러 갈래. 미술관 갈래."

저는 당연히 어린이 미술관을 예약했습니다. 어린이 미술관은 대체로 체험 프로그램이 많고 사전 예약제로 운영하기 때문에 원하는 시간을 예약하기가 쉽지 않습니다. 어렵게 예약하고 미술관을 찾았죠. 아이는 신나게 모든 미술 체험을 하고 나서 이렇게 말했습니다.

"그럼, 이제 미술관 가자."

아이는 사진 속 모습처럼 벽에 여러 그림이 걸려 있고 그것들을 감상하는 미술관을 가고 싶었던 겁니다. 실제로 그림 전시 중인 전시실에 가선 아주 빠르게 그림을 보고 떠났지만요.

그날 밤 아이가 말했습니다.

"엄마, 나 미술관 좋아."

"왜 좋아?"

"그림이 다 달라."

"그림이 어떻게 달라? 왜 다를까?"

"사람들 마음이 다 다르니까 그림도 다 다르지."

그리고 덧붙여 말했습니다.

"나는 무지개 색깔 그림이 좋았어."

"무서운 그림도 있었어. 내가 밤에 방에 혼자 있을 때처럼."

"나랑 친구랑 뛰어갈 때처럼 기쁜 그림도 있었어."

아이가 그림을 감상할 줄 모른다고 생각한 것은 저의 잘못이었습니다. 아이는 아이대로 그림을 감상하고 미술관을 경험하고 있었던 거죠.

이런 날도 있었습니다. 피아노 박물관에 간 날이었어요. 전 오귀스트 로댕(Auguste Rodin)이 조각한 피아노에 마음을 빼앗긴 상태였습니다. 피아노엔 시인들의 얼굴과 악기를 연주하는 천사들이 조각되어 있었습니다. 피아노 뚜껑엔 단테 알리기에리(Dante Alighieri)의 『신곡』 3부 중 「천국」을 표현했고요. 100명의 아기 천사가 노래하는 모습이 새겨져 있었습니다. 아이는 "우와" 하며 흘깃 피아노를 보곤 다른 곳으로 가자며 제 손을 잡아당겼죠. 피아노를 직접 쳐보는 체험실에서도 당당당당 몇 번 건반을 치더니 금세 자리를 떴고요. 전 아이가 피아노엔 흥미가 없다고 생각했습니다.

그러나 그날 밤 아이가 먼저 말했습니다.

"아까 그 피아노 멋지지?"

"무슨 피아노?"

"사람 얼굴이 다리에 있던 피아노."

"얼굴을 봤어?"

"응. 얼굴만 많아서 처음엔 무서웠어. 그런데 무서운 표정은 아니었어. 아기 얼굴도 있었어. 왜 아기가 있어? 아기는 피아노 못 치는데."

"아기 천사 얼굴이었나 봐."

"천사? 그럼 기쁜 노래만 해야 하네."

이후 아이는 만 5세가 지나고서 피아노를 배우고 싶다고 말했습니다. 드럼과 트럼펫도 함께 배우고 싶다고 했고요. 그러던 중, 책방에서 작은 음악회를 연 날이었습니다. 동시를 낭독하고 피아노, 첼로, 바이올린, 트럼펫, 그리고 플루트 연주가 있었어요. 피아노와 트럼펫 연주를 보여주고 싶어 아이와 자리를 함께 했는데요. 아이는 그날 피아노가 아니라 플루트에 마음을 뺏겨버렸습니다. 그리고 이렇게 말하더군요.

"플루트가 나비가 춤추는 것 같았어."

항상 어린이는 어른이 추측한 것보다 많은 것을 봅니다. 우리가 어린이와 제대로 대화하지 않아 몰랐던 것뿐이죠. 관찰은 시간의 길이와는 관계가 없습니다. 어린이와 어른의 차이도 아닌 듯합니다.

이렇듯 어린이의 경험은 사회적 환경에서 더 적극적으로 일어나는지도 모릅니다. 그렇다고 개인의 행동이 단순히 외부 환경의 자극과 반응으로 결정된다는 의미는 아닙니다. 어린이의 성장

**54개월, <미술관 사람들>**

미술관에서 다양한 사람이 여러 마음으로 그림을 보는 모습을 표현했습니다.

책방 음악회에서 본 트럼펫, 첼로, 플루트, 피아노가 연주되는 모습을 표현했습니다.

**65개월, <책방 음악회>**

과정, 기질, 성향, 사고 과정과 기대, 신념, 학습된 경험 등 여러 요인이 복합적으로 작용합니다. 제가 현장에서 관찰해보니 예술적 경험을 위한 공간에서 시간을 보낸 어린이는 주변을 관찰하고 환경과 소통하는 경우가 많았습니다. 이 과정을 통해 타인과 관계 맺는 방법을 알고, 장소에 따라 다르게 행동할 줄 아는 사회적 행동 능력도 기르게 될 겁니다. 그리고 스스로 다른 기회를 만들게 될 거고요. 세상을 감각적으로 탐색하는 기회, 감정을 여러 방식으로 표현하는 기회, 자신의 상상력을 확장하는 기회들이요.

상상하는 어린이는 분명 행복합니다. 상상할 땐 행복하다고 느낄 때 분비되는 물질과 거의 유사한 물질이 나온다는 뇌과학적 연구 결과도 있습니다. 이는 어린이의 얼굴만 보아도 알 수 있습니다. 그러니 예술적 경험이 가능한 공간에서 마음껏 상상하며 뛰어놀 시간을 만들어주세요. 몸으로 뛰어노는 일만큼 감각적으로, 감정적으로 뛰어놀 시간을요.

# 어린이와 함께 가보면 좋은 공간

어린이와 예술적 경험을 위해 함께 가보면 좋은 공간들을 소개합니다.
소개하는 공간은 대체로 수도권 내 박물관, 미술관, 체험 전시관입니다.

### ★ 가나아트파크 어린이미술관

어린이미술관·기획전시실·조각공원·체험 시설을 갖추어 대중이 예술과
자연 속에서 창의적 경험을 누릴 수 있는 복합 문화예술 공간

**주소** 경기도 양주시 장흥면 권율로 117

**홈페이지** www.artpark.co.kr

### ★ 경기도미술관

전시와 연계된 관객 참여형 프로그램이 많아 어린이들이 좋아할 만한 워
크숍에 함께 참여하기 좋은 미술관

**주소** 경기도 안산시 단원구 동산로 268

**홈페이지** gmoma.ggcf.kr

### ★ 국립과천과학관

유아체험관부터 기획전시, 자연사관, 과학탐구관, 미래상상SF관 등 어린
이가 좋아하는 주제에 따라 관람 및 참여할 콘텐츠가 많은 과학관

**주소**  경기도 과천시 상하벌로 110

**홈페이지**  www.sciencecenter.go.kr

### ★ 국립민속박물관

기관에서 배우는 주제와 연관된 전시나 옛 물건, 풍속을 배우기 좋은 박물관

**주소**  서울특별시 종로구 삼청로 37

**홈페이지**  www.nfm.go.kr

### ★ 국립현대미술관 어린이미술관

어린이미술관에서 자유로이 미술 활동을 한 후, 일반 상설전시, 기획전시 등을 함께 관람하기 좋은 가족 친화적인 미술관

**주소**  경기도 과천시 광명로 313

**홈페이지**  www.mmca.go.kr

### ★ 리움 미술관

한국 미술과 현대·국제 미술을 모두 볼 수 있는 곳으로 어린이에게 다양한 형태의 미술 작품을 보여주기 좋은 미술관

**주소**  서울특별시 용산구 이태원로55길 60-16

**홈페이지**  www.leeumhoam.org

### ★ 뮤지엄그라운드

전시실과 야외 조각공원, 교육 공간 및 카페와 산책로를 갖춘 예술·체험·휴식이 어우러진 현대 미술관

**주소**  경기도 용인시 수지구 샘말로 122

**홈페이지**  museumground.org

## ★ 서대문자연사박물관

지질·동물과 식물 전시, 야외 공룡 놀이터, 천문·자연 교육 프로그램이 있는 가족이 함께하기 좋은 박물관

**주소** 서울특별시 서대문구 연희로32길 51

**홈페이지** namu.sdm.go.kr


## ★ 서울상상나라

놀이를 통해 자연, 과학, 수학, 예술 등 다양한 경험을 할 수 있는 어린이 체험 전시관

**주소** 서울특별시 광진구 능동로 216

**홈페이지** www.seoulchildrensmuseum.org


## ★ 예술의전당 한가람미술관

쥬세페 비탈레, 하비에르 카예하, 앤서니 브라운 등 아이가 좋아하는 또는 좋아할 만한 작가의 기획전시가 자주 열리는 트렌디한 미술관

**주소** 서울특별시 서초구 남부순환로 2406

**홈페이지** www.sac.or.kr


## ★ 현대어린이책미술관

책 좋아하는 어린이, 책 독후 활동을 좋아하는 어린이의 상상력을 자극하는 체험 위주의 책미술관

**주소** 경기도 성남시 분당구 판교역로146번길 20 5층

**홈페이지** www.hmoka.org

# 말하기

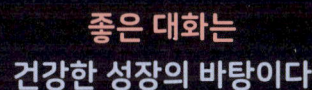

한 사람의 생애에서 가장 많이 이루어지는 언어활동은 말하기입니다.

아이가 말을 시작한 후로 하루도 말하지 않고 지나가는 일은 없을 겁니다.

그래서 가장 쉬우면서도 가장 어려운 것이 말하기인지도 모릅니다.

말하기는 대체로 혼자가 아니라 상대방이 있어야 합니다.

기본적으로 듣기가 포함되는 일이죠. 어른이 되어 상처가 된 기억은

대체로 누군가에게 들었던 말 때문입니다.

누군가도 아마 나의 말 때문에 상처를 입기도 했을 겁니다.

말하기는 사회적 삶에서 가장 중요한 일인 것이죠.

이번 장에서는 관계 기반의 대화를 중심으로 한 말하기 활동을 살펴봅니다.

어린 시절부터 시작한 좋은 대화는 건강한 어른으로 성장하는 바탕이 됩니다.

# 이미지로 언어를
상상하기

혹시 아프리카 뿔 오이를 아시나요? 아이가 아직 언어 발달이 완전하지 않던 때 아프리카 뿔 오이 사진을 보여주었습니다.

"이 사진 속에 있는 것, 뭐 같아?"

"몬스터 같아, 몬스터."

"노란 오이를 닮은 것 같은데?"

"오이에 뿔이 날 수 있어?"

"오이에 뿔이 날 수 있을까?"

"뿔이 나면 싸움 잘하겠다!"

아이는 눈을 반짝거리며 대화를 이어갔습니다.

"오이가 싸움 잘하면 어떻게 돼?"

"오이는 날씬하니까 더 큰 수박이랑 싸워도 이겨."

"수박도 뿔이 생기면? 그럼 수박이 이겨?"

"오이 뿔이 더 힘이 센가, 수박이 더 센가?"

"엄마는 모르겠네. 한번 생각해봐."

"엄마, 생각은 안 사라져. 계속 계속 나와."


기호적 언어가 개입하기 전인 영유아기는 이미지로 마음껏 상상할 수 있는 시기입니다. 글자를 알게 되면서 이 시기는 아주 짧게 끝납니다. 언어를 습득하게 되면 언어가 가진 기호 체계, 즉 사회가 약속해둔 의미로 고정화되죠. 어린이들이 사회화되면서 언어는 사회의 문화와 규칙, 보이지 않는 맥락까지 내재화하게 만듭니다.

철학자 루트비히 비트겐슈타인(Ludwig Wittgenstein)은 저서 『논리-철학 논고』에서 '우리는 생각할 수 없는 건 생각할 수 없다(We cannot think what we cannot think)'라고 했습니다. 그렇다면 생각은 무엇으로 할까요? 누군가는 이미지라고 말할지도 모르겠습니다. 하지만 이미지조차 시각 언어입니다. 또한, 과학철학자이자 문학비평가인 가스통 바슐라르(Gaston Bachelard)는 자신의 여러 저서에서 상상력과 이미지의 관계를 논의했습니다. 상상력을 이미지와 결합하고 변형하고 창조하는 힘으로 보았어요. 그는 상상력이란 이미지를 변형(déformer)하는 능력이며, 최초의 이미지로부터 우리를 자유롭게 해주는 능력이라고 했습니다. 이미지의 예기치 않은 결합이 곧 상상력이란 것이죠. 그는 어린이 시기를 가장 상상하기 좋은 시절이라고 보았습니다. 어린이는 사물을 인격화하고 물질이 가진 속성을 자신의 상상내로 변화시키는 힘을 가졌으니까요.

물론 블레즈 파스칼(Blaise Pascal)처럼 서구 철학자 중에는 상상력을 비판한 학자도 많았습니다. 명확히 증명할 수 없고, 논리적 적합성도 지니지 못한다는 이유입니다. 저 역시 상상력이란 이미 굳어진 언어 이미지와 태어나면서부터 경험한 환경에 따라 큰 영향을 받는다고 생각합니다. 하지만 바슐라르의 논의처럼 '예기치 않은 결합'은 새로운 것을 생성하는 힘을 분명 가졌다고 믿습니다.

반대로 아이에게 아프리카 뿔 오이를 사진 없이 상상해보라고 하면 어떨까요? 본 적도, 먹어본 적도 없는 것의 구체적인 형태나 맛을 상상하기란 힘듭니다. 물론 뿔과 오이를 아는 아이라면 여러 형태로 상상할 수 있고, 노란색 타원형 형태에 작은 뿔이 오돌토돌 나 있는 모습이라고 설명해주면 조금 더 실제와 비슷한 형태를 상상할지도 모릅니다. 여기에 색이 조금 바랜 참외를 닮았고 맛은 바나나와 라임이 섞인 맛인데 씹으면 감촉은 오이와 같다며 이미 알고 있는 언어로 설명하면, 정확하지는 않더라도 꽤 비슷한 모습을 상상해낼 겁니다. 하지만 아이의 상상력 교육은 스무고개로 답을 맞히는 게 목적이 아닙니다. 아이의 주체적 의지에 따른 생각의 확장이 목적입니다. 아이의 상상은 무한하고 자유로워 어디로 흘러갈지 모르니까요.

그렇다면 이런 질문이 생길 겁니다. 답이 정해져 있는 시대를 사는데 왜 무한하고 자유로운 상상이 필요하냐는 질문이요. 즐겁고 재밌는 상상 자체가 어린이에게 즐거운 놀이가 되는 그 시간 자체도 물론 중요합니다. 하지만 진짜 중요한 건 상상하는 시간과 과정의 경험을 통해 얻게 되는 상상하는 힘입니다. 어린이는 자유로운 상상을 통해 자신만의 이야기로 세상을 살아갈 힘을 가지게 됩니다.

바슐라르*는 상상력을 형태적 상상력, 물질적 상상력, 역동적 상상력으로 구분했습니다. 형태적 상상력은 연상 작용으로 이어지는 즉각적인 상상입니다. 동그라미를 보고 자동차 바퀴나 막대 사탕을 떠올리는 것처럼요. 물질적 상상력은 물질을 통해 다양한 이미지를 만드는 것인데요. 예를 들면, 물이라는 대상을 봅시다. 검고 깊은 물을 보고 죽음을 상상하고, 호수에서 뿜어져 나오는 물줄기를 보고 무지개를 상상하는 것입니다. 바슐라르는 역동적 상상력을 '의지의 꿈이며, 꿈꾸는 의지'라고 말했습니다. 또한, 고정된 사고나 물질을 움직여 자유롭게 상상하는 것을 가장 중요하다고 보았죠.

어린이의 상상은 창의적 사고의 토대가 됩니다. 창의적 사고는 없는 것을 생산하는 창작과 다릅니다. 기존에 존재하는 무엇을 다르게 조합하고 변형하고 편집하는 일이죠. 자주성을 가지고 자발적으로 끊임없이 생각하는 것입니다. 상상의 힘을 기르는 방법은 똑 떨어지는 공식이 없습니다. 개념 정립은 이미 여러 곳에서 논의되고 있지만, 구조화하지 못했고 구조화할 수 있을지도 의문입니다. 상상의 힘은 실제적이고 실천적인 방법이 필요하기 때문인데요. 그중 가장 좋은 방법으로 '대화'를 꼽습니다. 아이가 마음껏 상상하고 이야기 나누는 시간을 갖는 게 중요합니다.

하지만 어린이들은 자기중심성(egocentrism)을 가지고 자기중심적 언어를 구사합니다. 자신의 사고와 발화로 만들어지는 이야기에만 관심을 가지는데요. 이는 발달 과정에서 정상적인 단계입니다. 스위스의 심리학자 장 피아제(Jean Piaget)는 자기중심적 언어를 지나 사회적 언어가 증가한다고 보았고, 러시아의 심리학자 레프 비고츠키(Lev Vygotsky)는 아동의 언어가 사회적 상호작용 속에서 발달이 시작되어 점차 자기조절을 위한 자기중심적 언어로, 그리고 이후 내적 언어로 내면화된다고 보았습니다. 따라서 두 아이의 대화를 관찰해보면 아주 짧게 끝납니다. 이에 아이와 어른이 상상의 대화를 해나가야 합니다. 이때 가장 중요한 건 어른이 답을 정해두고 답 가까이에 가는 대화로 이끌지 않아야 한다고 생각해요. 아이의 사고와 발화를 인정하고 어른이 거기에 끌려가야 합니다.

하루에도 가늠조차 할 수 없을 정도로 수많은 이미지가 생산

되는 시대입니다. 미디어의 이미지는 피한다고 피할 수 있지도 않고 피해야만 하는 것도 아닙니다. 변화하는 매체 환경은 매체뿐 아니라 소통, 문화, 경제와도 연결되고요. 그러므로 영상이나 그림 이미지에 아이가 노출되는 것을 우려하지만 말고, 유연한 사고가 가능한 어린 시절에 상상의 힘을 기르도록 도와야 합니다. 일방향으로 전달하는 이미지나 밈과 같은 언어가 아니라, 앞서 설명한 형태적 상상력, 물질적 상상력, 역동적 상상력으로 나아갈 수 있어야 합니다.

『먹고 기도하고 사랑하라』의 저자 엘리자베스 길버트 (Elizabeth Gilbert)는 말했습니다. 자신에게 창의적인 삶이란 두려움보다 호기심이 중요한 삶이라고요. 다른 사람이 말하는 삶이 아니라 내가 흥미로운 삶, 내가 나아가는 삶이 중요하죠. 전 아이가 흥미로운 삶으로 나아가길 바랍니다.

---

★　가스통 바슐라르, 『공기와 꿈』, 정영란 옮김, 이학사, 2001(원전은 1943년 출판); 『물과 꿈』, 이가림 옮김, 문예출판사, 2004(원전은 1942년 출판); 『불의 정신분석』, 김병욱 옮김, 이학사, 2007(원전은 1940년 출판).

# 계절을 말하기,
# 계절을 줍기

　　북극에 사는 이누이트는 '흰 눈'을 의미하는 어휘를 유난히 많이 사용한다고 합니다. 땅 위에 쌓인 눈은 '아푸트(aput)', 떨어지는 눈은 '카나(qana)', 바람에 날리는 눈은 '피크시르포크(piqsirpoq)', 바람에 날려 쌓인 눈더미는 '퀴무크수크(qimuqsuq)' 등 여러 단어가 있다고 해요. 이는 독일의 인류학자 프란츠 보아스(Franz Boas)가 1911년에 주장한 내용인데 흰 눈을 뜻하는 이누이트의 어휘 수가 정확히 몇 개인지는 검증되진 않았습니다. 아마 이 이야기가 이곳저곳에서 다루어지는 건 정확한 숫자보다 그 해석이 의미 있기 때문인데요. 이는 언어의 사회학이라고 말할 수 있습니다. 눈이 많은 환경에서 살다 보니 자연스럽게 눈과 관련된 언어가 세분되고 다양해지는 것이죠.

한국어도 눈에 대한 어휘가 다양합니다. 싸락눈, 함박눈, 진눈깨비, 가랑눈, 가루눈, 마른눈, 잣눈, 살눈, 눈보라 등으로요. 그런데 많은 사람이 "눈 온다"라고만 말하죠. 성인도 계절 언어가 어렵습니다. 일상생활에서 실제로 많이 사용하지 않기 때문입니다. 이누이트처럼 눈 때문에 생활이나 일이 영향을 받진 않으니까요. 언어를 문화의 색인이라고 하는 것은 이 때문입니다.

여름부터 겨울을, 아니 눈 오는 날을 기다리던 아이는 눈이 펑펑 오던 날 썰매를 타고 눈사람을 만들며 신나 했습니다.

"나 눈 좋아해. 흰 눈. 하얀 눈. 쌓인 눈."

쌓인 눈은 물리적 형태가 또렷이 달랐지만, 흰 눈과 하얀 눈이 무엇이 다른지 저는 이해하지 못했어요.

"흰 눈이란 하얀 눈이랑 같은 말인데?"

"아니야, 달라. 흰 눈은 흰~눈이고 하얀 눈은 하~~얀 눈이야."

아이의 말이 맞기도 하고 내 말이 틀리기도 합니다. 정확히 아이의 의도는 몰라도 흰~눈과 하~~얀 눈이 다르게 느껴졌어요. 아마 아이가 말한 하~~얀 눈은 함박눈을 말하는 것으로 짐작했습니다. 하~~얀 눈이 그치고 눈송이가 작아지더니 이내 물기를 가득 머금었을 때였어요.

"눈이 쪼오끔씩 와."

"이건 가랑눈이야."

"눈 아니라 비야."

"이건 진눈깨비야. 눈이랑 비가 섞여서 내리는 눈."

"아니야, 비 맞아."

생소한 단어에 아이는 처음엔 아니라고 받아들이지 않았습니다. 그러나 며칠 후 아이는 "이거 하~~얀 눈 아니야, 가랑눈이야"라고 말하더군요.

어느 겨울 아침엔 사람들 몰래 오는 눈을 도둑눈이라고 부른다는 것을 알려주었습니다.

"도둑눈이 왔네."

"도둑? 뭐 훔쳐갔어?"

"아니, 우리 몰래 왔다 갔다고."

"눈이 나 몰래 왔다 갔네."

한국은 사계절이 있습니다. 봄, 여름, 가을, 겨울을 매년 만날 수 있다는 것이 얼마나 행운인지 모릅니다. 한국어의 아름다움 중 하나는 사계절을 이야기하는 것이라고 생각합니다.

전 아이가 흰 눈을 나타내는 어휘를 한 개만 사용하길 바라지 않습니다. 흰 눈만이 아닙니다. 겨울이라면 크리스마스와 동짓날과 관련한 단어도 계절 언어입니다. 불빛이 반짝이는 크리스마스 트리를 보며 "크리스마스가 춤을 추네"라고 말하고, 동짓날 팥죽을 먹으며 "건강하세요" 하고 인사를 나누는 일도 계절 언어를 사용하는 행위입니다.

전 아이가 날씨와 계절과 감정과 감각 등을 예민한 언어로 표현하길 바랍니다. 명사만이 아니라 형용사나 동사를 붙여 표현하는 어휘가 풍부하길 바랍니다. 간결하게 생각하고 살면 되지, 뭘 골치 아프게 예민하게 살길 바라냐는 사람이 있을지 모르겠습니다. 하지만 제가 읽고 쓰는 삶을 살며 확실히 알게 된 게 있습니다. 내가 쓰는 언어만큼 생각하고 감각하게 된다는 것입니다.

소아청소년 정신과 의사 김붕년 교수는 『아이의 뇌』에서 말했습니다. 만약 아이가 작은 변화를 느끼는 민감한 뇌를 갖는다면 아이는 행복을 느낄 준비가 된 것이라고요. 작은 변화를 느끼는 방법은 감각하고, 감각한 것을 언어화하는 것입니다. 그러면 더 구체적으로 느낄 수 있습니다. 쿠바 소설가 이탈로 칼비노(Italo Calvino)가 "우리는 각자의 경험과 정보와 우리가 읽은 것들의 조합"이라고 말한 것처럼요. "각자의 삶이 백과사전이며 도서관"이 된다는 것이죠.

어느 한여름, 초등학교 글쓰기 수업 시간이었습니다. 수업에 느릿느릿 들어서는 아이들에게 분위기 전환 삼아 몇 개의 질문을 하곤 하는데요. 대체로 음식, 날씨, 기분과 같이 오래 생각하지 않아도 좋은 이야깃거리들입니다.

"오늘 날씨 어때요?"

나의 물음에 열 명의 아이는 약속이나 한 듯 "더워요"라고 대답했습니다.

"정말 후덥지근하더라고요."

"선생님, 후덥지근이 무슨 뜻이에요?"

한 아이가 처음 들어보는 말이라며 물었습니다.

"숨이 턱턱 막힐 듯이 답답하게 더운 느낌이요."

그제야 아이들은 "아!" 하더군요.

"그런데 어젠 후텁지근했어요."

"같은 말 아니에요?"

옆의 아이가 이상하다는 듯 눈이 동그래진 채 묻더군요.

"후텁지근은 땀이 나거나 습기가 많아서 불쾌한 느낌이에요. 옷이 살에 붙어 떨어지지 않는 느낌이요."

"아! 저희 엄마가 제일 싫어해요. 비 그친 날!"

아이들은 "나도 후텁지근했어", "나는 후텁지근했어"라고 말하며, 무엇인지 또렷이 알지 못해도 자신이 느꼈던 감각을 명확하게 이야기하는 것을 즐거워했습니다. 신체적 경험과 언어가 맞닿으면 감각이 살아나니까요. 그날 아이들과 전 무더위, 한더위, 불볕더위, 찜통더위, 가마솥더위 등 한참 동안 여름의 단어들과 함께 여름의 기억을 꺼냈습니다.

아마 이 글을 읽으며 '난 언어 감각이 없어' 혹은 '내가 할 수 있을까?' 하는 생각이 들지 모릅니다. 하지만 멋지고 예쁜 단어를 많이 알고 있어야 좋은 것이 아니라 양육자가 느끼는 계절 감각을 아이와 함께 이야기 나누면 됩니다. 조금 더 확장된 계절 언어를 말하고 싶다면, 날씨나 계절의 변화가 주제나 소재로 쓰인 계절 그림책이나 계절 동시를 참고해보세요. 문채빈의 『고래빙수』, 『낭만 찐빵』과 백유연의 『벚꽃 팝콘』, 『낙엽 스낵』, 케나드 박의 『안녕, 봄』과 같은 '안녕' 시리즈도 좋습니다.

계절 언어는 이렇게 계절 그림책을 통해 익혀도 좋지만, 아이의 손을 잡고 계절 산책을 나서보는 것도 권합니다. 생동하는 봄이 되면 아이에게 봄바람만 부는 게 아니라 꽃 필 무렵에 부는 꽃바람이나 매서운 찬바람을 뜻하는 소소리바람이 불어온다는 걸 알려주세요. 여름엔 비가 며칠씩 오는 때를 장마, 장마 기간에 비가 오지 않는 것을 마른장마라고 부른다는 것도 이야기해주세요. 계절은 아이들에게 가장 큰 놀이터입니다. 계절마다 날씨와 색깔이 다르고, 생장하는 식물과 곤충이 다르고, 바람의 무게나 온도까지 모두 다르니까요. 아이와 산책하고 놀이하며 계절 언어를 사용해보세요. 아이는 분명 더 많이 감각하고 습득할 겁니다.

# 봄, 여름, 가을, 겨울을 말하기

★ 봄

봄은 생동하는 계절입니다. 다음은 봄과 관련한, 의성어·의태어입니다.

**봄바람과 관련된 소리**
살랑살랑: 가볍게 스치듯 바람이 여러 번 부는 모양
산들산들: 부드럽고 시원한 바람이 천천히 부는 모습

**꽃과 새싹의 움직임**
송송: 작은 새싹이 땅 위로 고개를 내미는 모양
뾰족뾰족: 새싹이 여기저기 돋아나는 모습
팔랑팔랑: 꽃잎이나 나뭇잎이 가볍게 흔들리는 모습
살포시: 부드럽고 가볍게 닿는 모습
하늘하늘: 꽃잎이나 나뭇잎이 가볍게 흔들리는 모양
반짝반짝: 따뜻한 봄 햇살이 빛나는 모습

**봄날의 감성과 분위기**
두근두근: 봄을 맞이하며 설레는 마음
싱숭생숭: 무언가에 설레어 들뜬 마음

들썩들썩: 마음이 가라앉지 않고 자꾸 움직이는 모양

방긋방긋: 식물이 활짝 피어난 모습

### ★ 여름

여름 하면 비, 바다를 많이 떠올립니다. 다음은 비와 관련한 어휘입니다.

**비의 종류에 따른 표현**

가랑비: 가늘고 조용히 내리는 비

보슬비: 잔잔하고 부드럽게 내리는 비

잔비: 가늘고 약한 비

단비: 메마른 땅에 내리는 반가운 비

소나기: 갑자기 세차게 내렸다가 그치는 비

폭우: 갑자기 세차게 쏟아지는 비

호우: 많은 양의 비

장대비: 장대처럼 굵고 세게 퍼붓는 비

장마: 여름철 오랫동안 지속해서 비가 내리는 기간

**비의 상태에 따른 표현**

가는 비: 매우 가늘게 내리는 비

실비: 실처럼 가늘고 가볍게 내리는 비

부슬비: 부드럽게 조용히 내리는 비

**기상 현상과 관련된 표현**

비구름: 비를 포함한 수증기를 가득 머금은 구름

무지개: 비가 그친 후 공기 중의 물방울에 빛이 굴절되어 생기는 현상

안개비: 안개처럼 가늘고 희미하게 내리는 비

이슬비: 새벽이나 밤에 안개처럼 가볍게 내리는 비

## ★ 가을

가을은 알록달록한 색깔이 떠오르네요. 다음은 가을의 장면을 떠올리게 하는 어휘입니다.

**날씨와 자연현상**

천고마비: 하늘은 높고 말은 살찐다는 뜻의 가을을 대표하는 속담

선선하다: 날씨가 시원하고 쾌적한 상태

쌀쌀하다: 날씨가 차갑게 느껴지는 상태

청명하다: 하늘이 맑고 깨끗한 상태

높새바람: 가을에 북동쪽에서 불어오는 차가운 바람

가을장마: 가을철에 여러 날 계속 내리는 비

**가을 식물과 관련된 어휘**

단풍: 나뭇잎이 붉게 또는 노랗게 변하는 현상이나 그 잎

낙엽: 떨어지는 나뭇잎

벼 이삭: 수확하는 벼의 열매가 맺히는 부분

황금 들녘: 벼가 익어 황금색으로 물든 넓은 들판

코스모스: 가을을 대표하는 꽃

국화: 가을을 대표하는 또 다른 꽃

억새: 가을에 하얀 꽃이 피는 키 큰 여러해살이풀

갈대: 가을에 물가에 자라는 여러해살이풀

**가을과 어울리는 의성어·의태어**

바스락바스락: 마른 낙엽을 밟는 소리

솔솔: 바람이 가볍게 부는 모양

쏴: 바람이 세게 불 때 나는 소리

둥실둥실: 보름달이 떠오르는 모양

휘청휘청: 바람에 나뭇가지가 흔들리는 모양

파랑파랑: 하늘이 높고 맑은 모양

### ★ 겨울

겨울은 역시 눈 아닐까요? 겨울 동요와 그림책에도 눈은 자주 등장합니다. 다음은 눈과 관련한 어휘입니다.

**눈의 상태에 따른 표현**

진눈깨비: 비와 섞여 내리는 눈

싸라기눈: 작은 쌀알 알갱이처럼 내리는 단단한 눈

가루눈: 밀가루처럼 고운 눈

함박눈: 커다란 눈송이가 천천히 내리는 눈

눈꽃: 나무나 풀에 붙어 핀 꽃처럼 보이는 눈 결정체

서리꽃: 서린 김이 얼어붙어 꽃처럼 보이는 현상

눈가루: 가볍고 잘게 부서지는 눈

**눈의 상태 변화에 따른 표현**

첫눈: 겨울이 되어 처음 내리는 눈

녹은 눈: 따뜻해져서 녹아버린 눈

쌓인 눈: 내린 후 땅 위에 쌓인 눈

얼음 눈: 녹았다가 다시 얼어붙은 눈

**기상 현상과 관련된 표현**

눈사태: 산등성이에서 많은 눈이 한꺼번에 무너져 내리는 현상

눈구름: 눈을 포함한 수증기를 머금은 구름

눈보라: 강한 바람과 함께 흩날리는 눈

눈 폭풍: 매우 강한 바람과 함께 몰아치는 눈

우박: 비가 얼어서 단단한 얼음 알갱이로 떨어지는 현상

# 감정에
# 이름 붙이기

　나의 아이는 다른 아이들에 비해 울지 않고 떼를 부리지 않습니다. 사람들은 이를 보고 "아이가 정말 순하네요"라고 말합니다. 정말 아이가 타고난 성질이 순해서일까요? 타고난 기질이 다른 아이들보다 조금 더 순할지도 모르죠. 그렇다고 무던한 아이는 아닙니다. 2세부터 양말, 속옷, 오늘 입을 옷까지 몽땅 골라 입었으니까요. 그해엔 12월 중순까지 반바지에 반 스타킹을 신고 어린이집에 등원했습니다. 처음엔 "다른 옷 입고 싶어"를 말하지 못해 등원 때마다 울었습니다. 그러다 "검은색 싫어", "청바지 불편해" 하고 말하기 시작하면서 등원 준비가 순조로워졌어요.

　아이들은 아무 때나 울지 않습니다. 어른이 눈치채지 못할 뿐 우는 이유가 분명 있습니다. 그럼 어느 때 울까요? 슬플 때, 억울

할 때도 울지만, 아이들은 대체로 자기 생각과 다를 때 웁니다. 생각을 말하지 못해서 우는 거죠. 우는 게 아이의 유일한 소통 방법이니까요. 아이가 덜 울고 덜 떼를 쓰는 때가 언제이던가요? 바로 말을 트고 자기 생각을 말하기 시작했을 때입니다.

나의 아이가 단어와 단어를 이어 말하기 시작한 3세 때부터 감정을 말하게 했습니다. 그래서 덜 울고 덜 떼 부리는 아이로 보였다고 생각해요. "으앙~" 하고 울지 않고 한 단어라도 말하도록 한 거죠. 처음 아이가 쓰던 감정 어휘는 "화나", "신나", "재밌어", "불편해" 등이었습니다. 그리고 조금 더 자라자 "화나"를 더 세분화해 말했습니다. "힘들어", "혼자 할래", "나중에 하고 싶어" 등으로요. 문장으로 자신의 상황이나 기분을 설명하지 못하더라도 "어디가 불편했어?", "지금 기분이 안 좋아? 안 좋은 이유는 뭐야?"라고 물으면 아이는 자신의 상태를 구체적으로 생각하게 됩니다. 그리고 최대한 전달하려고 노력하죠.

아이가 또래 친구들과 놀이터에서 놀던 때였어요. 한 아이가 나의 아이에게 "너 싫어"라고 말하더군요. 아이는 저에게 와 눈물을 글썽이며 "수아가 나 싫대"라고 말했습니다. 수아는 진짜 나의 아이가 싫어서 그렇게 말했을까요? 다른 날 똑같은 상황이 발생했습니다. 이번에는 내 아이가 수아에게 "나 지금 소꿉놀이 말고 다른 놀이 하고 싶어"라고 말하더군요. "나 속상해"라고 덧붙이면서요. 어쩌면 지난날 수아도 다른 놀이가 하고 싶은 마음을 "너

싫어"라고 말한 것이 아니었을까요? 자신의 감정을 말하는 일은 곧 생각을 말하는 일입니다. 언어로든 몸으로든 상황을 더 설명하니 울거나 떼쓰는 상황이 줄어드는 거죠.

미국 심리학자 주디스 리치 해리스(Judith Rich Harris)는 『양육가설』에서 "양육 방식 연구자들이 범하는 수많은 실수 중 가장 심각한 것은 양육 방식을 부모의 특성이라고 간주한다는 점이다. 양육 방식은 부모와 자녀의 관계의 특성"*이라고 보았습니다. 전 여기서 부모와 자녀의 '관계'의 특성 중 가장 중요한 부분이 유아기부터 끊임없이 '대화하기'라고 생각합니다. 대화란 서로의 감정에 공감하고 이해하고 이야기 나누는 일이니까요.

그러나 감정을 단어로 말하는 일은 연습이 필요합니다. 저절로 되는 일은 아닙니다. 어린이도 어른도 어려운 일이죠. 전 아이와 먼저 그림책을 보며 자연스럽게 감정 어휘를 익혔습니다. 감정 그림책이란 이름으로 출간된 책도 많은데요. 의도적으로 감정을 공부하기보단 아이가 좋아하는 책, 보고 싶어 하는 책을 활용했어요. 등장인물의 감정이 글로 설명되지 않더라도 그림에 웃는 표정, 슬픈 표정, 당황한 표정, 질투하는 표정, 졸린 표정, 심심한 표정, 화난 표정 등이 등장하면 표정을 함께 따라 했습니다. 그리고 함께 상상했죠. 왜 그런 표정을 지은 건지, 무엇이 이런 감정을 일으키는 건지, 이런 감정을 느끼는 상황은 언제인지, 이런 감정이 생긴 이후엔 무엇이 필요한지 등을요. 나의 아이는 책을 좋아해서 책을 선택한 것인데, 책을 거부하는 아이라면 스티커나 인형 등을 통해 연습해도 좋습니다.

이렇게 감정 어휘를 익힌 아이는 일상생활에서 배운 어휘를 사용하게 됩니다. 한번 사용하고 나면 또 다른 상황에 적용하기도 하고요. 이러한 상황이 반복되면 양육자는 어떤 상황에 아이가 어떤 감정을 가지는지 패턴을 알게 됩니다.

나의 아이도 만 4세에는 두려움, 놀람, 싫음, 짜증과 같은 마음을 모두 "불편해"라고 표현했어요. 그런데 1년쯤 지나니 더 구체적으로 감정을 이야기하기 시작하더라고요.

"엄마, 두려움이 뭐야?"

"두려움? 두려운 건 겁이 나서 마음이 콩닥거리는 거야."

"아, 엄마 아빠한테 숨고 싶은 마음이네."

"두려운 마음이 들면 어떻게 할까?"

"그럼, 나는 무서운 괴물이다, 그러니까 더 무서운 건 없다, 하고 생각할래."

감정을 알아야 공감하게 됩니다. 공감하면 아이는 자신의 감정이 지지받는다고 생각하게 되죠. 이때 양육자와 아이 사이에서 더 단단한 정서적 교류가 일어납니다.

감정을 단어로 명확히 이야기하면 그 감정에서 벗어나게 됩니다. 이건 아이나 어른이나 마찬가지입니다. 막 떼쓰며 울다가도 스스로 '이건 울 일이 아닌데?' 하며 아이는 해결책을 찾으려 들 겁니다. 타협도 하고 양보도 하고요. 실제로 아이가 가진 문제를 인식하고 함께 해결할 수도 있고요.

여기서 제가 중요하다고 생각하는 게 있습니다. 아이만 감정을 말하는 게 아닙니다. 양육자도 일상생활에서 아이에게 감정을 솔직하게 이야기해야 해요. 아이와 함께하는 시간이 모두 행복하고 즐거울 수만은 없습니다. 당황할 수도, 화가 날 수도, 힘에 부칠 수도 있죠. 그럴 때 감정을 무조건 숨길 게 아니라 아이에게 양육자가 느끼는 감정을 설명해주세요. 아이는 어른이 추측하는 것보다 더 많이 어른을 이해합니다.

"엄마, 표정 왜 그래?"

"엄마 지금 힘이 너무 없어. 몸에서 힘이 빠져나가고 있어."

"그럼 내 손 잡아. 힘이 생길 거야."

"고마워."

"이제 엄마가 그런 표정 하면 내가 손 잡아줄게."

아이는 감정을 언어로 말하고 표현하면서 감각적으로 알게 됩니다. 이를테면 사랑, 우정, 용기, 연대, 자유, 기쁨, 뿌듯함 등을 말이죠. 커가면서 모든 순간을 기억하지 못할지도 모릅니다. 하지만 기억하지 못한다고 해도 그 순간 느낀 감정과 그 감정을 통해 깨달은 것들은 아이를 분명 자라게 할 겁니다.

★   주디스 리치 해리스, 『양육가설』, 최수근 옮김, 이김, 2022. 504쪽.

# 생활 속에서 감정 어휘 배우기

아이가 자신의 감정을 솔직하게 표현할 수 있도록 쉽게 이해하고 쉽게 사용할 수 있는 단어를 알려주면 좋습니다. 그리고 감정을 말로 표현하는 연습을 하면, 더 건강한 소통을 할 수 있을 겁니다.

★ 일상에서 사용하면 좋은 감정 어휘

**기쁨과 행복을 나타내는 어휘**
기뻐요: 즐겁고 좋은 일이 있을 때
신나요: 재미있거나 기대되는 일이 있을 때
즐거워요: 하고 싶은 일을 하거나 좋은 일이 있을 때
행복해요: 마음이 따뜻하고 기분이 좋을 때
웃음이 나요: 재미있거나 기쁠 때
뿌듯해요: 스스로 잘했다고 생각할 때

**슬픔과 속상함을 나타내는 어휘**
속상해요: 마음이 아프거나 기분이 좋지 않을 때
슬퍼요: 눈물이 날 만큼 마음이 아플 때
서운해요: 기대한 일이 이루어지지 않았을 때

외로워요: 혼자라고 느껴질 때

아쉬워요: 하고 싶었던 일이 끝났거나 그런 일을 놓쳤을 때

부끄러워요: 잘못한 일이 있거나 또는 매우 수줍을 때

## 화남과 짜증을 나타내는 어휘

화가 나요: 마음에 들지 않는 일이 있을 때

속이 부글부글해요: 너무 화가 나서 참기 어려울 때

짜증 나요: 마음대로 되지 않아서 답답할 때

억울해요: 잘못한 일이 없는데 혼이 날 때

힘들어요: 몸이나 마음이 축 처질 때

## 무서움과 걱정을 나타내는 어휘

무서워요: 두렵거나 깜짝 놀랄 때

겁나요: 용기가 나지 않고 조심스러울 때

조마조마해요: 걱정이 돼서 마음이 불안할 때

두근두근해요: 긴장되거나 기대될 때

놀랐어요: 갑자기 무언가가 나타나거나 예상치 못한 일이 생길 때

## 사랑과 배려를 나타내는 어휘

좋아해요: 무언가를 좋아할 때

사랑해요: 가족이나 친구를 깊이 아낄 때

고마워요: 도움을 받았을 때

미안해요: 실수하거나 잘못했을 때

응원해요: 힘내라는 마음을 전할 때

배려해요: 다른 사람을 생각하고 도와줄 때

★ 감정 어휘를 익히는 일상 속 질문들

질문을 통해 아이가 자신의 감정을 사연스럽게 표현하고 이해할 수 있도록 도와주면 어떨까요? 감정 표현 연습을 하면 아이들이 자기감정을 더 잘 이해하고 일상에서 감정 어휘를 잘 사용할 수 있을 겁니다.

**기쁨과 행복을 표현하게 하는 질문**
오늘 하루 중에서 가장 기뻤던 순간은 언제였어?
어떤 일이 생기면 신나고 즐거워져?
네가 가장 뿌듯했던 일은 뭐야?
소풍 가서 가장 행복했던 순간은 언제였어?

**슬픔과 속상함을 표현하게 하는 질문**
오늘 속상했던 일이 있었어?
어떤 일이 생기면 슬픈 마음이 들어?
기분이 안 좋을 때 어떤 말을 들으면 힘이 나?
누군가에게 서운했던 적이 있어?

**화남과 짜증을 표현하게 하는 질문**
어떤 상황에서 화가 났어?
무슨 일이 짜증을 나게 했어?
화가 날 때 어떻게 하면 기분이 나아질까?
억울한 일을 당한 적이 있어?
친구가 내 물건을 함부로 만지면 어떤 기분이 들어?

**무서움과 걱정을 표현하게 하는 질문**

무서울 때 어떻게 하면 안 무서울까?

어떤 말을 들으면 힘이 날까?

긴장될 때 어떤 방법으로 마음을 편하게 해?

깜짝 놀랐던 적이 있어?

어떨 때 가슴이 두근거려?

**사랑과 배려를 표현하게 하는 질문**

언제 고마움을 느꼈어?

친구에게 미안했던 적이 있어?

가족에게 마음을 표현할 때 어떤 말을 하면 좋을까?

이럴 때 다른 사람은 기분이 어땠을까?

# 일상의 단어로
# 쉽게 말하기

아이의 웃음소리, 발걸음이나 표정 하나가 기쁨을 가져다줍니다. 아이가 말을 시작하고 나서는 저의 틀을 깨는 말들로 온통 행복을 가져다주더군요. 아이가 던지는 말 한마디에 더 자주 깔깔거리게 되었고요. 아이는 말을 하며 타인과 세상과 연결되기 시작합니다. 주고받는 정보량도 많아지고 의사 표현도 적극적으로 하면서요.

"지지야."

"까까 먹자."

"저기 짹짹이네."

전 아이가 클 때 일명 아기 말을 자주 사용하지 않았습니다. 사실 의도적으로 사용하지 않은 건 아닙니다. 제가 아기 말에 익숙하지 않고 어색했기 때문에 사용하지 않았습니다.

"더러워. 손에 묻으면 아플 수 있어."

"고구마 과자 먹을래?"

"저기 나무 위에 까만색 새가 있네."

이렇게 아이와 어른과 대화하듯 말했습니다. 다만 아이가 알아듣기 쉬운 단어로 짧게 말했어요. 말이 트이기 전에 아이는 "어어-", "째째"라고 말했습니다. 이후 아이의 반응이 많아지면서부터는 짧은 문장을 여러 개로 말했어요.

"저기 나무 위에 까만색 새가 있네. 까치라는 새야. 까치가 깍깍 울면 손님이 온대."

저는 수다쟁이 엄마는 아닙니다. 아이를 앞에 두고 혼자 이 이야기 저 이야기를 하는 엄마는 더욱 아니었어요. 다만 아이의 반응이 많아질수록 대화하듯 말을 했어요. 아이가 말을 배울 때는 아기 말을 섞어 쓰다가 점점 일반 단어로 넘어갔고요. 이제 막 걸음마를 뗀 아이에겐 최대한 짧고 명확하게 말해주고, 대화가 되는 나이에 이르렀을 때는 상황이나 필요한 것을 구체적으로 설명했습니다.

"손님이 뭐야?"

"우리 집에 누가 딩동 하고 찾아오는 거야."

아이는 아직 또렷하지 않은 발음으로 질문하고 대답했죠.

어느 날은 아이와 손잡고 이야기를 하며 걸어가는데 할아버지 한 분이 말씀하셨어요.

"둘이 친구처럼 말하네. 평생 친구 생겼어."

만 4세가 지나고 다섯 살이 된 아이는 서와 친구처럼 대화를 나누었습니다.

"엄마, 나 유치원 갔을 때 어디 갔다 왔어? 도서관 갔었어?"

"아니, 오늘은 도서관 안 갔어."

"그럼 어디 갔어?"

"책방에 갔다가 학교에 갔다가 왔어."

"뭐 타고 갔다 왔어? 지하철 사람 많았어? 힘들었겠다."

아이는 또렷하고 빠르게 말하지 못할 뿐, 자신의 언어를 체계화하고 있는 중입니다.


전 일상 언어를 사용하면서 '아이에게 맞춘' 어투와 중요한 단어의 반복, 강조를 포함하는 것을 중요하게 생각했습니다. 이를 유아 지향 담화라고 하는데요. 유아 지향 담화(infant-directed speech, IDS)란 주 양육자가 영아나 유아에게 말할 때 사용하는 언어 양식입니다. 말의 리듬과 강약이 뚜렷하며 느린 속도로 말하고, 짧은 문장과 간단한 문법을 사용하고 불필요한 수식은 줄여 아이가 의미를 파악하기 쉽게 합니다. 발음은 또렷이, 표정과 제스처 등 신체 언어도 함께 하는 특징을 가집니다.

실제로 미국 발달심리학자인 에이드리아나 웨이슬레더

(Adriana Weisleder)와 앤 페르날드(Anne Fernald)의 연구*에 따르면, 19개월 아동에게 전달된 유아 지향 담화는 6개월 뒤 어휘 발달과 언어 처리 속도 향상에 영향을 미친 반면, 아이가 주변에서 듣는 언어 즉, 어른 지향 담화는 유의미한 상관을 보이지 않았다고 합니다. 미국 발달심리학자인 로라 슈네이드먼(Laura Shneidman)과 수전 골딘-메도(Susan Goldin-Meadow)** 역시 어른 지향 담화는 유창성이나 어휘 습득에 영향을 주지 않지만, 유아 지향 담화는 아이의 어휘 발달의 강력한 예측 요소임을 확인했습니다.

언젠가 만난 어떤 양육자는 수다쟁이 양육자처럼 보였습니다. 아이에게 무척 많은 말을 걸어주고 대답하고 질문하는 것처럼 보였어요. 하지만 함께 있다 보니 대화가 아니라 일방적인 언어였음을 깨달았습니다. 아이가 어떤 말을 하든 어떤 행동을 하든 즉각적으로 반응하는 것에 급급했던 거죠.

전문가들은 양육자에게 아이의 울음이나 비언어적 요구, 또는 언어에 즉시 반응하라고 합니다. 즉각적인 반응은 아이와 양육자 간에 신뢰가 쌓이게 해줄 뿐만 아니라 정서적으로 안정적인 아이로 자라게 해준다면서요. 특히나 예민하고 까다로운 아이인데 양육자가 느긋해 즉각적인 반응을 해주지 못하면 아이에게 부정적 영향을 준다는 말도 있습니다. 하지만 이 조언을 자칫 잘못 받아들이면 양육자는 '즉각적인' 반응에 집착하게 됩니다. 중요한 건 즉각적으로 상호작용이 이루어지는 '반응'인데 말이죠. 그러니 조금 천천히 반응해도 괜찮습니다. 천천히 쉽게 아이와 대화해주세요.

아이에게 좋은 또래 친구도 필요하지만, 때로는 좋은 어른을 만날 기회를 만들어주면 좋습니다. 좋은 어른과 만나면 아이의 언어적 경험은 더 확장됩니다. 예전에는 가까운 곳에 할아버지, 할머니, 사촌 형이나 동생 등 친인척이 살았습니다. 동네 이웃이 고모, 이모, 삼촌이 되어주기도 했고요. 그들 모두가 좋은 어른은 아니었겠지만 그중 좋은 어른이 있었죠. 동네를 오고 가며 아이는 어른들과 자연스럽게 인사하고, 날씨를 묻고, 오늘의 하루를 나누었을 겁니다. 하지만 지금은 동네에 친인척이 모여 살지도 않을뿐더러 오가며 인사를 나누는 이웃도 적습니다.

다양한 언어를 사용하는 사회 구성원과 만나 대화를 나누는 아이의 모습을 보면 '아이가 자라고 있구나' 하고 느낄 겁니다. 값을 치르고 사람을 만나는 상업 기관이 아니어도 됩니다. 동네 음식점이나 서점, 빵집, 박물관이나 도서관도 사람들을 만나기에 괜찮은 공간입니다. 아직 우리 사회는 어린이들에게 다정한 곳이 더 많습니다. 우리가 아파트에 살아서, 도시에 살아서 이웃이 적거나 없는 게 아닙니다. 주변을 둘러보지 않기 때문에 이웃이 적거나 없다고 생각하는 것입니다. 아이와 함께 동네를 다녀보며 알게 되었습니다. 많은 어른이 어린이에게는 절대적 환대를 보낸다는 것을요. 아이에게는 먼저 웃어주고 인사를 하고 주머니 속 무엇이라도 건네고 싶어 합니다. 친숙한 동네이든 새로운 환경이든 커뮤니티의 따뜻함과 환대는 어린이들에게 소속감과 소통에 대한 귀중한 교훈을 제공합니다.

이렇게 어린이는 어른과의 대화를 통해 사회적 경험을 탐색하면서 언어뿐만 아니라 친절, 신뢰, 경계와 같은 인간관계의 뉘앙스도 배웁니다. 어린이가 점차 사회 속에서 타인과의 관계를 구축하는 동안 양육자는 여전히 이러한 상호작용을 안내하고 사회적 신호를 해석하고 안전을 보장하는 데 중요한 역할을 하죠. 아이는 개인적 경계를 강화하는 동시에 다른 사람에 대한 존중을 배웁니다. 이 시기는 아이들이 성장하면서 독립적인 사회적 상호작용을 할 수 있도록 준비하는 때이니까요. 준비 시기가 지나 아이가 초등학교 고학년 정도가 되면 친구와도 어른과도 자신만의 방식으로 관계를 맺기 시작합니다. 나의 아이는 낯가림이 심한데도 불구하고 기관에서 발표를 잘하는 아이가 되었습니다. 상대방이 친구든 어른이든 조금씩 자신의 의견을 말하고 생각을 표현하면서 자랐기 때문이라고 생각합니다.

내 아이만 안전하게, 편리하게, 쉽게 장애물 없이 자라게 하는 게 능사가 아닙니다. '아이는 잘 모르니까'라고 단정할 것이 아니라 조금 천천히 이해하더라도 아이가 주체적으로 정보를 받아들이고, 처리할 수 있도록 곁에서 도와주세요. 다양한 사회관계

안에서 다양한 어휘를 듣고 생각하게 해주세요. 이 모든 시작이
아이에게 말하기이며, 아이의 말을 들어주는 것입니다.

\*      Weisleder. A. and Fernald. A., Talking to children matters: Early
language experience strengthens processing and builds vocabulary,
Psychological Science, Vol.24, No.11, 2013.

\*\*     Shneidman. L and Goldin-Meadow. S, Language input and acquisition
in a Mayan village: how important is directed speech?, Developmental
Science, Vol.15, No.5, 2012.

# 역할 놀이로
# 사회적 대화 배우기

어린이도 어른도 말하기를 따로 배우진 않습니다. 읽기와 쓰기, 그리기 등은 유아기의 어느 시점이 되면 별도의 교육을 받는 것이 보통입니다. 그에 비해 말하기는 주변 환경과 상황을 통해 아이 스스로 습득하게 됩니다. 면접이나 원하는 직업을 위해 스피치 학원이나 프레젠테이션 학원에 다니며 특정 능력을 키우긴 해도요. 돌이켜보니 읽기, 쓰기보다 중요한 게 말하기였다는 생각도 듭니다. 말 한마디에 천 냥 빚을 갚는다는 오래된 속담처럼 삶 속에선 정말 말 한마디로 기회를 얻기도 하고 미움을 받기도 하고 응원을 받기도 하니까요.

이번 책에서는 듣기 생활을 별도로 구성하진 않았습니다. 이는 말하기에 듣기가 밀접하게 수반되기 때문입니다. '말하기를 잘

한다'에는 '듣는 것도 잘한다'가 포함되어 있습니다. 대체로 말하기는 혼잣말보다 대화를 통해 일어나기 때문입니다. 나 외에 상대가 있어야 하고, 나와 상대는 말하기와 듣기를 교차하며 정보, 감정, 정서 등을 교환합니다.

아일랜드 뇌과학자 셰인 오마라(Shane O'Mara)는 『대화하는 뇌』에서 이렇게 말합니다. "우리의 기억은 다른 사람과의 대화 중에 표현되고, 다시 다른 사람의 생각에 영향을 받으며, 그 결과 우리가 의식하지 못하는 사이에 미묘하게 재작성된다."* "일반적으로 한 화자가 말을 멈추고 다음 화자가 말을 시작하기까지의 간격은 0.2초 정도"**라고 하니 눈을 깜빡이는 속도와도 같습니다. 하지만 아이들은 자신이 생각한 말이나 하고 싶은 말을 빠르게 전달하지 못합니다. 상대방의 말을 들었을 때도 마찬가지고요. 때론 맥락을 파악하지 못하기도 합니다. 물론 아이가 자라며 경험이 쌓이면 저절로 습득되는 부분입니다.

그러나 안타깝게도 요즘은 많은 어린이가 다른 사람의 이야기는 듣지 않고 자기 할 말을 먼저 하는 경향이 늘고 있습니다. 유아기 때부터 자신이 무슨 말을 하면 주변 어른들이 아이의 말을 우선해 듣고 반응해주기 때문입니다. 즉각적인 반응은 아이에게 정서적 효능감을 가져다줄 순 있지만, 즉각적인 반응만 받고 자란 아이는 일방적인 말하기가 아닌 대화하기에서는 어려움을 겪을지도 모릅니다. 그렇다고 일상적 대화를 배우는 방법이 많지는 않습니다. 일상에서는 대화의 목적이 불분명하기에 대화를 나누며 정보, 감정, 정서가 교환되더라도 일목요연한 말하기와 듣기를 연습하거나 발달시키기엔 어려우니까요.

전 역할 놀이가 이러한 한계를 메워주는 배움의 매개체로 작용한다고 생각합니다. 역할 놀이는 역할 및 행동, 상황을 상상하며 말하고 듣고 몸을 움직이며 연극처럼 하는 놀이입니다. 유아의 역할 놀이는 가장 친밀한 것들을 모방하면서 시작하죠. 엄마를 흉내 내고 아빠를 흉내 내고 선생님을 흉내 내면서요. 엄마를 따라 립스틱을 바르고 구두를 신고 싶어 하고, 아빠를 따라 출근하는 모습이나 코를 골며 잠자는 흉내를 냅니다. 선생님의 특정한 말투나 자주 하는 말을 흉내 내기도 하고요. 이러한 모방은 좋아하는 캐릭터나 상상 속 스토리를 따라 확장됩니다. 아이가 만 5세가 되면 대체로 자신의 직간접적 경험과 기억을 놀이와 결합해 구체적인 놀이로 발전시킵니다.

역할 놀이는 여러 효능이 있습니다. 친구들과 역할을 나누고 협력하는 법을 배우며 사회성을 기르고 스스로 이야기를 만들어가며 상상력이 풍부해집니다. 그리고 역할 놀이는 말하기 놀이가 아닙니다. 말을 주고받습니다. 역할 놀이를 하며 아이는 양육자 혹은 친구와 대화합니다. 상상의 상황 안에서 사회적 역할을 규정하고요. 일상적 대화를 넘어 사회적 대화(social conversation)를 연습하는 겁니다.

사회적 대화는 특정한 목적 없이 상황 안에서 자연스럽게 이루어지는데요. 서로의 감정을 이해하고 공감하는 과정과 함께, 대화 규칙이 포함됩니다. 여기서 대화 규칙은 말을 주고받는 차례를 지키는 것과 자기 역할에 따른 적절한 반응하기를 의미합니다. 이를테면, 시장 놀이라고 상황을 만들어봅시다.

"어서 오세요! 무엇을 드릴까요?"

"꼼짝 마! 난 경찰이다! 도둑 손 들어!"

"어…… 여기는 과일 가게인데요?"

"도둑아 도망쳐. 난 도둑을 잡아야겠어."

상황과 상대방의 말과는 관계없는 말을 하는 건 바람직하지 않은 역할 놀이죠. 이럴 때 아이는 상황을 이해하지 못하는 게 아닙니다. 시장 놀이를 하기로 했지만, 갑자기 도둑경찰 놀이를 하고 싶어진 거죠. 역할 놀이에선 약속한 규칙과 보이지 않는 규칙을 지키는 것이 중요합니다.

"어서 오세요! 무엇을 드릴까요?"

"사과 있나요?"

"네, 빨간 사과 드릴까요, 초록 사과 드릴까요?"

"빨간 사과 네 개, 초록 사과 두 개 주세요."

"여기 있습니다. 만 원입니다."

이런 대화의 흐름이 일상적인 대화인 동시에 역할 놀이 속에서 이루어지는 대화죠.

아이가 양육자와 인형으로 역할 놀이를 한다고 했을 때, 맥락을 벗어난 말을 했다고 가정해볼게요. 이때 아이가 상황과 어긋난 말을 해도 "너 왜 그런 말을 해? 말도 안 돼"라고 즉시 지적하기보단 자연스럽게 올바른 대화 방법을 알려주세요. 놀이의 맥락은 유지하면서 대안을 제시해주는 겁니다.

"어서 오세요! 무엇을 드릴까요?"

"난 경찰이야! 손 들어!"

이런 경우 놀이 속에서 자연스럽게 "경찰 아저씨도 장을 보러 오셨군요! 어떤 물건을 찾고 계세요?"라며 상황에 걸맞은 말을 유도하거나, "지금은 시장 놀이 중이야. 시장 놀이 끝나고 도둑경찰 놀이도 할까? 지금은 먼저 손님 역할을 해보자"라며 설명하는 방법이 있습니다. 한편, 맥락에 맞더라도 아이가 예의 없게 말하거나 잘못된 놀이 태도를 보일 수도 있습니다.

"천 원입니다. 봉투에 넣어드릴까요?"

"빨리빨리 줘!"

이럴 땐 아이와 역할을 바꿔 아이가 상대 입장에 공감할 수 있도록 합니다. "만약 네가 점원이라면 손님이 이렇게 말할 때 기분이 어떨까?" 등으로요. 그런데 이런 개입과 지도는 양육자와 아이가 역할 놀이를 할 때만 가능합니다. 친구끼리 역할 놀이를 할 땐 양육자가 개입하기 힘들죠. 아이끼리 놀이를 하다가 누군가 속상해하는 일도 대체로 역할 놀이에서 나타나고요. 역할을 정할 때, 역할극을 할 때 그런 일이 생길 수 있습니다. 양육자는 '놀이를 하다 보면 그럴 수도 있지'라고 생각하지만, 아이는 상황에 푹 빠지기 때문에 더 속상한 감정을 느낄 수 있죠. 전 아이가 친구를 속상하게 했거나 혹은 속상해했을 때, 놀이가 끝나고 마음을 달래주면서 상황을 설명해주었습니다. 그리고 똑같은 상황이 생길 때를 고려해 "다음엔 이렇게 하면 어떨까?" 혹은 "다음엔 어떻게 하고 싶어?"라고 묻고 아이와 함께 대안을 고민합니다. 그리고 아이가 자신의 생각을 이야기하면 나중에 그 말을 직접 친구에게 해야 한다고 알려줍니다.

아이들은 역할 놀이를 통해 '말하고 듣고 다시 말하는' 대화의 방법뿐 아니라 관계를 맺어나가는 방법도 배웁니다. 상황을 이해하고 맥락을 파악하고 차례를 지키고 상대방을 존중하며 반응하는 모든 과정에서요. 궁극적으로 주변 세계의 일부가 되는 법을 말입니다.

★     셰인 오마라, 『대화하는 뇌』, 안진이 옮김, 어크로스, 2024, 184쪽.
★★   같은 책, 44쪽.

# 어린이들의 역할 놀이 종류

어린이들의 역할 놀이는 모방에서 시작하지만, 사회적 역할을 경험하고 상상력을 키울 수 있는 놀이가 많습니다. 때론 어린이들이 직접 규칙도 정하고 배경도 설계합니다.

## ★ 가족 역할 놀이

아이가 가장 처음으로 만나는 사회적 집단인 가족을 모방하며 언어, 감정, 습관, 일상생활을 배웁니다.

**엄마·아빠 놀이**: 인형을 아기처럼 돌보면서 "아기야, 밥 먹자"라고 말하며 돌봐주기
**동생·형·누나 놀이**: "내가 이제 형아(누나)야. 동생아 우리 뭐 하고 놀까?" 라고 말하며 가족 내 역할을 바꿔보는 놀이
**할머니·할아버지 놀이**: "우리 강아지~" 하며 장난감을 사주거나 명절날 집의 풍경을 흉내 내기

## ★ 동물 역할 놀이

강아지나 고양이처럼 집에서 키우는 동물이나 공룡, 원숭이, 코끼리, 사자, 호랑이 등 좋아하는 동물의 울음소리나 몸짓을 흉내 내며 놀이합니다. 처음엔 말보다는 몸짓언어가 크게 나타나지만, 상상력이 더해져 동물을 의인화해 마치 그림책 속 주인공처럼 행동하고 말합니다.

## ★ 직업 체험 역할 놀이

특정 행동이나 언어를 사용하는 직업 체험 놀이를 합니다.

**선생님 놀이**: 칠판이나 종이에 글씨를 쓰며 "오늘은 한글을 배워볼 거예요"라고 가르치는 역할 하기

**의사 놀이**: 청진기 장난감으로 친구를 진찰하며 "어디가 아파요?"라며 치료하는 놀이

**간호사 놀이**: 나뭇가지를 들고 "자, 안 아파요. 따끔해요"라며 주사를 놓는 흉내 등을 내며 치료하는 놀이

**소방관 놀이**: 장난감 소화기를 들고 "불이 났어요! 안전하게 대피하세요!"라며 불을 끄는 흉내를 내는 놀이

**경찰 놀이**: 장난감 수갑이나 무전기를 이용해 "도둑이 나타났다! 도둑을 잡아라! 사람들을 지키자!"라고 말하기

**요리사 놀이**: 장난감 냄비와 프라이팬을 사용해 "무엇을 드시고 싶으세요?", "맛있는 요리를 만들어 드릴게요"라며 가상의 음식을 만들고 손님과 대화하기

**기관사 놀이**: "안전하게 타세요, 뛰면 안됩니다" "칙칙폭폭, 출발합니다!"하며 열차를 운전하는 시늉을 하는 놀이

**동물원 사육사 놀이**: "코끼리에게 바나나를 줘야 해요" 하며 동물을 돌보는 놀이

★ 상점 놀이

상점의 개별적인 특성을 알고 돈의 개념, 거래 방식을 배우는 놀이입니다.

**슈퍼마켓 놀이**: "어서 오세요!", "만 원입니다"하며 장난감 돈으로 계산하며 판매원과 손님 역할 하기
**카페 놀이**: "초코 우유 한 잔 주세요", "네, 여기 있습니다!" 하며 손님과 점원 역할 하기
**옷 가게 놀이**: "어떤 옷을 찾으세요?", "이 분홍색 드레스는 어때요?" 하며 패션 스타일 추천하며 점원과 손님 역할 하기
**시장 놀이**: "떡 얼마예요?", "생선 있나요?"라고 질문하고 대답하며 시장 놀이하기

★ 예술가 역할 놀이

창의력과 표현력을 키우는 예술 영역도 역할 놀이를 할 수 있습니다.

**화가 놀이**: "오늘은 멋진 그림을 그릴 거예요" 하며 예술가처럼 활동하기
**배우 놀이**: "내가 주인공이야! 카메라 앞에서 연기해볼게" 하며 연극하기
**음악가 놀이**: "여러분, 제 피아노 연주를 들어보세요!" 하며 악기를 연주하는 척하기
**아이돌 놀이**: "콘서트에 와주셔서 고맙습니다" 하며 춤추고 노래하는 시늉하기

**만화가 놀이**: "오늘은 2화를 그렸어" 하며 만화가 흉내 내기

★ 스토리 기반 역할 놀이

동화·영화·이야기 속 주인공이 되어보는 놀이입니다. 다양한 배경과 설정으로 정보나 감정을 주고받으며 놀이합니다.

**왕자와 공주 놀이**: "나는 신데렐라예요. 구두를 잃어버렸어요!" 하며 왕자와 대화하는 역할 놀이
**슈퍼 영웅 놀이**: 망토를 두르고 "내가 구해줄게!" 하며 친구를 구하는 영웅 역할 하기
**탐험가 놀이**: 지도와 망원경을 들고 "숨겨진 보물을 찾으러 가자!" 하며 놀이터를 숲이나 바닷속이라 상상하며 탐험하기
**우주 비행사 놀이**: "지구는 아주 작고 파랗네요!" 하며 우주 탐사를 하는 놀이
**고고학자 놀이**: "여기, 공룡 화석을 찾았다" 하며 모래 속에서 보물찾기
**탐정 놀이**: "이건 중요한 증거야!" 하며 사건 해결하기

# 부정어 사용
# 경계하기

"코끼리는 생각하지 마."

자, 여러분은 이 말을 듣고 무엇이 생각나나요? 이 질문을 듣는 동시에 코끼리가 떠오르지 않나요? 코끼리에 대해 생각하지 않으려는 행위 자체가 역설적으로 우리 마음속에 코끼리의 이미지를 더욱 생생하게 만듭니다. 이 현상은 의사소통과 자기 조절의 도구인 언어가 인지와 상호작용을 하는 방식을 보여줍니다. 이는 사회적 규범, 기대, 심지어 미묘한 단서가 개인의 생각과 행동에 영향을 미치는 방식을 강조합니다. 이처럼 언어는 종종 의도치 않게 혹은 의도를 담아 우리의 행동을 안내합니다. '코끼리는 생각하지 마'는 언어와 비언어로 인지되는 사고를 통해 사람들이 어떤 행동을 하는지 설명하는 사회학서의 제목입니다.

에둘러 말하기나 듣기가 힘든 아이들은 곧이곧대로 언어를 듣습니다. 어른보다 더 언어에 예민하게 반응하죠. 비언어적 의사소통도 역할을 할 수 있는데, 몸짓, 얼굴 표정, 보디랭귀지는 우리의 내적 경험과 외적 행동을 더욱 형성할 수 있는, 말로 표현되지 않은 메시지를 전달하기 때문입니다.

부정어는 말 그대로 부정하는 뜻을 가진 말입니다. 한국어에서는 '아니요, 못해요, 안 해요, 없어요, 싫어요, 하지 마' 등이 여기에 속합니다. 영어에서 부정어는 'no, not, never, none, can't, little, rarely, not until, not only' 등이죠. 아이를 양육하다 보면 참 많이도 "하지 말라"라고 말합니다. 만지지 말라, 뛰지 말라, 시끄럽게 하지 말라, 무엇 하지 말라 등등요. 저도 어느 날은 온종일 하지 말라고만 말한 것 같아 자책했습니다. 또 어느 날은 제가 아이에게 "이거 하지 마"라고 말하니 아이가 제게 "엄마 마음만 있는 게 아니야, 내 마음도 있어. 내 마음도 알아줘"라고 말해 부끄러워지기도 했고요.

부정어는 피해야 할 것을 강조해 행동을 금지하는 역할을 합니다. 부정어는 종종 억압하려는 행동이나 생각을 더욱 선명하게 만들기 때문에 역설적인 효과를 낼 수 있습니다. '내가 이런 행동을 하면 엄마는 이런 반응이네?' 하고 아이가 알게 되어서 오히려 하지 말라고 하는 행동을 더 한다든가, 어떤 상황에서 똑같이 행동을 반복한다든가 하죠.

부정어의 이런 역설적인 효과는 금지 행위가 종종 억제하려는 그 행동을 강화하기 때문에 발생합니다. "하지 마"라는 말을 들었을 때, 우리의 마음은 여전히 경고를 받은 바로 그 행동이나 생각으로 이끌립니다. 사회학적 관점에서 볼 때, 이러한 반복적인 금지는 개인의 행동에 영향을 미칠 뿐만 아니라 더 깊은 사회적 규범과 권력 구조를 반영합니다. 대체로 아이에게 "하지 마"라고 말하는 사람은 아이보다 힘의 우위에 있는 권위자로서 아이에게 통제력을 행사하는 거죠. 끊임없는 상기나 금지는 때로는 도전적이거나 반항하는 마음을 키울 수 있습니다.

물론 부정어는 필요합니다. 단호하게 아니라고 말해야 하는 상황은 언제나 있습니다. 감정이나 태도와 관계없이요. 문제는 말하는 태도나 어조, 단어 선택이 사람에게 나쁜 감정이나 비판적 인상을 주는 부정어라고 생각합니다. 단순한 행동의 제지 외에 맥락적으로 아이에게 비판, 비난, 실망, 냉소 같은 감정을 갖게 하면 안 됩니다. 부정어로 인해 제한되거나 금지된 행동을 하려는 욕구가 커지는 결과로 이어질 수 있어요. 아이가 3, 4세만 되어도 자신과 세계의 경계를 시험하고 자율성을 주장하므로 양육자의 부정어 사용이 역효과를 낼 수 있습니다. 아이가 양육자가 하지 말라는 행동을 하는 것은 반드시 부모의 권위에 도전하기 위함만은 아닙니다. 자기를 지키려는 생존 욕구 때문이기도 하고 자신의 행동에 대한 통제감을 얻기 위해서이기도 합니다. 그러므로 금지의 반복으로 아이의 행동을 통제하기보단 설명을 반복해 아이 스스로 인식할 수 있도록 해주세요.

전 아이가 자라며 듣는 부정어가 자기 한계로 고착되는 것이 우려스럽습니다. '나는 그것을 좋아하지 않는다' 또는 '나는 할 수 없다'라고 생각할 때, 아이는 자신의 선호도와 능력에 대한 경계를 만듭니다. 개인이 무엇이 가치 있고 무엇이 가치 없는지를 전달할 수 있게 되고, 옳고 그름 또는 허용할 수 있는 것과 허용 불가능한 것에 대한 이해를 형성하기 전에는 부정이 개인의 행동을 제한하는 것으로 오인될 수 있으니까요.

그렇다면 우린 어떻게 아이에게 부정어를 사용해야 할까요? 아이가 자신의 부정적인 감정을 어떻게 말하도록 해야 할까요? 이는 아이의 발달 단계에 따라 다를 수 있는데요. 먼저 영아기를 지나 유아기 초기엔 아이의 관심을 돌리는 방법이 유용합니다. "코끼리를 만지면 안 돼"라고 말할 게 아니라 그 옆에 있는 다른 사물을 가리키며 "이건 뭘까? 토끼가 노란색이어서 예쁘네"처럼 코끼리를 생각하게 하지 말고 토끼를 생각하게 하는 식으로 아이의 시선을 뺏어주세요.

유아기 초기엔 이렇게 주의를 돌리고 방향을 바꾸는 것이 효과적인 도구이지만, 언어능력이 발달함에 따라 아이의 감정을 인정하는 것이 중요합니다. 아이가 다른 사람의 감정 표현을 듣거나 자신의 감정을 말할 수 있는 단계에선 단순히 "그러지 마"라고 말하는 대신, 양육자가 아이의 감정을 확인해주고 대안을 제시하는 방법이 유효합니다. 이를테면, "정말 만지고 싶어 하는 건 알지만, 눈으로만 봐야 해" 또는 "화가 난 건 알지만, 다른 방법을 찾아보자"처럼요. 아이가 물컵을 엎지르면 "엎지를 줄 알았어. 그러니까 왜 가만히 앉아서 안 먹어?"라고 말할 게 아니라 "손이 닿으면 컵이 엎어지니까 더 안쪽으로 놓자"라며 아이가 다시 같은 실수를 하지 않도록 방법을 알려주어도 좋습니다.

이와 비슷한 상황은 많습니다. 양육자들은 보통 "뛰지 말랬지? 뛰면 넘어진다고 했잖아!"와 같이 이미 저질러진 일을 아이 탓을 하듯 말합니다. 하지만 대체로 큰일은 아닙니다. 물이 엎어지면 닦으면 되고, 아이가 넘어지면 일어서서 다치진 않았는지 살펴보면 됩니다. 아이는 큰일이라고 생각하지 않았는데 부모가 행동을 미리 제한하거나 탓하면 어떤 문제가 생겼을 때 해결하는 능력이 느리게 발달할 수 있습니다. 이럴 땐 "뛰지 마!" 대신 "천천히 걷자!"라고 말해주는 건 어떨까요? 양육자가 부정어를 사용하지 않고 말하면 아이의 행동을 더 효과적으로 유도할 수 있습니다. 아이는 양육자와 소통하며 적절한 행동을 배우고 자신의 감정을 인식하고 관리하게 됩니다. 어른의 언어를 아이들의 발달 단계에 맞게 조정함으로써, 우리는 아이들의 정서적 성장과 감정을 처리하는 능력을 돕게 되는 것이죠.

아이가 조금 더 자라 대화가 되는 때엔 이해할 수 있도록 설명해주세요. 아이가 세상을 바라보는 시각에서요. "코끼리를 만지면 안 돼"가 아니라 "코끼리를 만지면 코끼리 발에 밟힐 수도 있어. 코끼리는 무거워서 밟히면 심하게 다치게 될 거야"라고 설명하는 것이죠. 예를 들면, 사람이 많은 쇼핑센터에서 아이가 뛴다면 "뛰지 마!"라고 말할 게 아니라 "여기서 뛰면 사람들이랑 부딪혀서 넘어질 수도 있고 다칠 수도 있어. 네가 다치면 우린 여기서 밥도 못 먹고 가려던 곳도 못 가"라고 말하는 겁니다.

물론 다급한 상황에서는 길게 설명하긴 어렵습니다. 하지만 당장 넘어지기 직전이 아니라 주의를 주는 시점에선 설명이 가능합니다. 이러한 대화 방식을 통해 아이로 하여금 단순히 명령을 따르게 하는 대신 원인과 결과를 이해하기 시작해 궁극적으로는 자신의 행동에 대한 책임감을 알게 해야 합니다. 시간이 지남에 따라 어린이들은 이러한 교훈을 내면화해 자신의 행동을 스스로 조절할 가능성이 더 커질 겁니다. 이러한 접근 방식은 의사결정 기술을 키울 뿐만 아니라 상호 존중과 이해를 촉진해 부모와 자녀의 관계를 단단하게 만들 겁니다.

# 어린이의 속도를
# 기다리며 말하기

최고의 육아법은 귀찮음을 극복하는 것이라는 말이 있습니다. 아이와 말하고 듣고 쓰고 읽는 생활에서 최고의 방법은 기다림입니다. 기다림의 행위자는 아이, 양육자 모두입니다.

아이에게 기다림은 단순히 인내심을 키우는 행위가 아니라 아이가 자신의 속도에 맞춰 자신을 온전히 표현할 수 있는 틈을 만드는 일입니다. 기다릴 때 우리는 아이에게 말과 생각이 중요하고, 감정이 시간과 주의를 기울일 가치가 있음을 보여줍니다. 서두르지 않는 아이는 더 깊이 생각하고, 더 많은 질문을 하고, 더 사려 깊은 방식으로 세상에 참여하는 법을 배웁니다. 이것은 대화뿐만 아니라 신발 끈을 매는 법, 그림을 완성하는 법, 글씨를 쓰는 법, 질서를 지키는 법, 어려운 감정을 처리하는 법 등 행동에도 적용됩니다. 서두르고 싶은 충동을 억제함으로써 우리는 아이가 자신감과 독립성을 키울 수 있도록 합니다.

빠르게 움직이는 세상에서 아이와 함께 기다리는 것은 신뢰와 연결된 행위입니다. 방해하지 않고 듣고, 즉시 바로잡지 않고 지켜보면 아이는 처음엔 약간 어려움을 겪게 되겠죠. 하지만 이러한 기다림을 통해 우리는 아이가 누구인지, 아이의 생각, 기쁨, 좌절 등을 진정으로 알게 됩니다. 아이는 기다리는 틈에 침묵, 관찰, 성찰을 함으로써 자신을 표현하는 법을 배우고요.

나의 아이는 유치원에 가면서 외투를 혼자 챙겨 입기 시작했습니다. 지퍼가 있는 옷보다 단추 달린 옷을 입는 걸 더 어려워했어요. 어느 날 아이가 단추를 끼우려고 애쓰는 것을 지켜보고 있었습니다. 아이는 눈썹을 찡그리며 단추를 왼손과 오른손으로 잡아 눌렀지만 꽉 채워지지 않고 풀렸습니다. 아이의 얼굴에는 좌절감이 번졌고, 아이는 저를 올려다보았습니다. 아마 제가 개입해 도와줄 것이라고 기대했을지 모릅니다.

"천천히 해. 지퍼도 처음엔 어려웠는데 지금은 잘 끼우잖아."

저는 서둘러 도와주기보다는 그저 기다렸죠. 아이는 더 꼼꼼하게 다시 단추 끼우기를 시도했습니다. 아이의 손가락은 더듬거렸지만, 이내 완벽하게 단추가 모두 끼워졌습니다.

"내가 해냈어!"

아이는 눈을 크게 뜨고 자랑스러워하며 저를 올려다보았습니다. 저는 가볍게 박수를 치고 고개를 끄덕였습니다.

"네가 할 수 있을 줄 알았어."

"엄마, 기다려줘서 고마워. 우리 안 늦었어?"

그 순간 아이는 단추 채우는 법만 배운 게 아니라, 천천히 해도 괜찮다는 것을, 엄마가 자신을 믿는다는 것을 배웠습니다.

말할 때도 마찬가지입니다. 보통 12개월이 지나면 '엄마', '아빠', '맘마' 같은 단어를 말하기 시작합니다. 약 50개의 단어를 이해한다고 하고요. 2세는 약 200개에서 300개의 단어를 이해하고 사용하고, 3세는 단어와 단어를 연결해 짧은 문장을 만들고 간단한 이야기를 만들며 오늘 있었던 일을 말하기 시작합니다. 이때 자기 이름을 문장 앞에 넣어 말하곤 해요. 자아 개념이 형성되기 시작하기 때문입니다. 4세는 완결된 문장을 말하고 복잡한 문장으로 의사소통하며, 5세는 복잡한 문장을 말하고 농담을 하고 양육자나 주변 사물, 사람을 모방해 말하죠. 자주 접했던 단어를 읽을 줄 알고, 읽기 능력이 빠르게 발달한 아이들은 간단한 문장의 책도 읽습니다. 6세는 보다 정교하게 감정을 전달하고 또래 집단과의 관계 형성을 시작하며 이야기도 짓습니다. 하지만 경험한 일을 복기해 말할 때, 자신의 의견을 말할 때, 속상한 감정을 말할 때 등, 아이는 어른처럼 빠르고 유창하게 말하지 못합니다. 말이 입 밖으로 나오면서 뒤엉키죠. "어, 그래서, 그래서……" 혹은 "어, 그런데, 그런데……" 하면서요.

아이가 머릿속에서 말을 정리하고 있을 때 제가 불쑥 먼저 말하면, 나의 아이는 "내가 말하고 있잖아, 기다렸다가 말해야지"라고 합니다. 어른에게 기다림은 아이의 기다림보다 더 어려운 일일지도 모릅니다. 아이와 있다 보면 다급하게 말부터 나가는 일이 많거든요. 아이는 세상에 발을 딛는 순간, 온 힘을 다해 하루를 보냅니다. 어른은 아이가 천천히 내딛는 발걸음, 아이가 천천히 내뱉는 말 한마디에 아이의 마음이 담겨 있단 걸 자주 잊습니다.

"알았어, 천천히 얘기해도 돼."

나의 아이도 말이 빠른 편이 아니었습니다. 보통 남자아이가 여자아이보다 말이 늦다고 하던데 평균보다 더 늦는 듯했죠. 보통 6개월이면 '바바', '마마', '다다다' 같은 모음과 자음이 결합된 옹알이를 시작하고 12개월경에는 억양과 강약을 갖추고 '엄마', '아빠', '맘마' 같은 단어를 말한다고 하는데요. 나의 아이는 14개월에도 '엄마', '아빠'를 하지 못하고 옹알이 수준이었어요. 그러나 18개월이 지나고 말문이 터졌고 24개월이 지나니 사용하는 단어가 확 늘었습니다. 만 3세가 지나자 발음은 또렷하지 않았지만 사용하는 단어나 문장 구사 능력이 또래 아이보다 빨랐습니다. 아이의 말이 조금 늦다고 걱정하지 않아도 됩니다. 보통의 아이들은 자기 속도에 맞춰 듣고 말하고 읽고 쓰니까요.

아이가 만 3세를 막 지난 하루였습니다. 전 여러 번 말을 해도 행동하지 않는 아이에게 조금 큰 목소리로 말했습니다. 그러자 아이가 이렇게 대답했습니다.

"엄마, 왜 화를 내. 화 안 내도 다 알아."

아이의 말에 얼굴이 화끈해졌습니다.

"이제 하려고 했어."

저는 그 자리에 서서 잠시 멍하니 서 있었고, 내 아이의 말이 머릿속에 울려 퍼졌죠.

"엄마, 천천히 생각하고 말해."

아이는 언젠가 제가 했던 말을 그대로 전했습니다. 저는 갑자기 내 감정이 얼마나 쉽게 넘쳐흘렀는지 깨달았죠.

"네 말이 맞아. 너한테 화가 난 게 아니야. 그냥 피곤할 뿐이야. 이 말을 대신 해야 했어."

아이가 나를 바라보았고, 아이의 표정을 보니 나를 이해하는 듯했습니다.

"괜찮아, 엄마. 나도 졸리면 화날 때 있어."

항상 어른이 아이를 기다리는 줄 알았는데 아니었습니다. 아이도 기다린다는 것이 무엇인지 압니다.

아이는 자라며 많은 게 성장하고 변화합니다. 하지만 기본 틀은 유아기부터 청소년기 전까지 형성되죠. 앞에서도 언급했던 학자인 주디스 리치 해리스 역시 "유년기는 자신의 언어를 학습하고 자신의 성격을 형성하는 민감기라고 할 수 있다. 이 시기에 형

PART 3

성된 성격과 언어는 청소년기를 지나는 동안 알게 모르게 다듬어지기도 하지만 그 기본 틀은 변하지 않고 굳게 자리 잡는다"*라고 했습니다. 이 시기 배워야 하는 것 중 하나가 기다림이라고 생각하는데요. 성격과 언어가 기다림과 무슨 관계가 있느냐며 의문이 들지도 모릅니다. 하지만 조금 거창하게 말하면 기다림 안에는 상대방에 대한 배려와 존중부터 자신을 위한 자기 조절 능력이나 자기 주도 활동 그리고 자연의 변화나 세계의 시스템까지 모두 포함되어 있습니다.

물론, 기다리지 말아야 하는 상황이 있습니다. 첫 번째는 안전사고 위험이 있는 상황입니다. 아이들이 가장 많이 뛰어노는 놀이터에서도 안전사고가 자주 일어납니다. 나의 아이도 만 2세 때 놀이터에서 놀다 넘어져 눈 옆이 찢어지는 사고가 발생했었죠. 안전사고가 발생할 법한 상황에서는 기다리지 않아도 됩니다. 그 자리에서 단호히 간단하게 이야기하고 아이가 바로 행동을 멈추게 해야 합니다. "안 돼! 이건 너무 위험해", "여기서는 이렇게 놀면 안 돼, 규칙이 있어!"라고요. 이때 아이가 울거나 떼를 쓸 수 있습니다. 하지만 비슷한 상황에서 단호히 제지하기를 반복하다 보면 아이도 스스로 인지하게 되는 때가 옵니다. '아, 이런 행동은 하면 안 되는구나!', '이건 위험한 행동이구나!' 하고 말이죠.

두 번째는 아이 간의 다툼으로 어른의 개입이 필요한 상황입니다. 가끔 아이 간에 분쟁이 발생했을 때, 아이들 스스로 해결하도록 두는 양육자들을 봅니다. 하지만 7세 미만 아이들은 왜 서로 화가 났는지, 무엇부터 잘못되었는지 잘 모릅니다. 큰 다툼으로 번진 이후에도 정확하게 상황을 설명하기 어렵고요. 이럴 때는 어른이 개입해 차분하게 조율해주어야 합니다. "잠깐, 우리 모두 멈춰볼까? 지금 무슨 일이 있었는지 이야기해볼래?"라고 하든가 "둘 다 많이 속상한 것 같구나. 우선 깊게 숨 한번 쉬고 이야기해보자"처럼요. 어른이 흥분하지 않고 침착하게 상황을 정리해주는 모습을 보며 아이는 배웁니다. '이렇게 해결할 수 있구나!' 또는 '어른과 함께 이야기하면 되는구나!'라고요. 이처럼 어른의 개입은 단순히 빠른 문제 해결이 아니라 서로 기다리며 감정을 푸는 방법을 알게 하는 과정이 됩니다.

아이와 함께 성장하는 과정에서 가장 어려운 일은 '기다려야 할 때'와 '기다리지 말아야 할 때'를 구별하는 일인지도 모릅니다. 무조건 빨리, 쉽게, 결과로 향해가려는 사회에서 기다림이란 건 가장 어려운 과정이자 방법이 돼버렸으니까요.

★   주디스 리치 해리스, 『양육가설』, 최수근 옮김, 이김, 2022, 454쪽.

PART
04

# 읽기

**사고력이 깊어지는
고차원 인지 활동**

리터러시라고 하면 가장 먼저 읽기와 쓰기를 떠올립니다.

그만큼 읽기와 쓰기는 문해력을 포함한 리터러시에서

기본이 되는 활동입니다.

그중 읽기는 단순히 글자를 읽을 줄 아는 능력만 가리키지 않습니다.

읽기는 사고 확장으로 이어지는 고차원적인 인지 활동입니다.

읽기는 상상력을 자극하고, 논리적 추론을 강화하며,

궁극적으로 사고의 지평을 넓혀줍니다.

학교에 들어가면 어휘 습득과 해독 능력이 주로 강조되지만,

성인이 되면 분석·통합·비판 능력이 읽기의 중심이 됩니다.

읽기도 연습이 필요합니다. 이 모두는 어린 시절,

읽기를 즐거움으로 경험하며 자라난 일상에서 시작합니다.

# 어떤 책을
# 읽어야 할까?

어떤 책을 골라야 할지 몰라 난감해하는 양육자가 많습니다. 평소 책을 즐겨 읽는 어른이라도 어린이나 영유아의 책을 고르기 어려운데요. 우린 모두 어린이 시기를 지나왔지만, 그사이 시대가 바뀌었고 책 문화나 책도 많이 변화했기 때문입니다.

제가 어린이였을 때만 해도 대체로 번역서가 많았습니다. 단행본보다 세계문학 전집이 주로 유통되었고요. 1990년대 이후에야 국내에도 그림책 작가, 그림책 전문 출판사가 등장했고 창작 그림책이 많아졌습니다. 지금은 그림책도 동화도 청소년 책도 국내 창작물이 큰 비중을 차지하게 되었죠. 또한, 책에서 출발해 애니메이션, 연극, 뮤지컬, 전시 등 원 소스 멀티 유즈(one source multi-use, OSMU)로 나아가는 일도 많아졌습니다.

온라인엔 영유아기부터 청소년기까지 단계별로 읽으면 좋을 도서 목록과 전집 목록이 돌아다닙니다. 12개월, 20개월, 36개월, 50개월, 7세, 초등학교 입학 후 등 무척 구체적으로 시기를 나눠 책을 추천하고 있더군요. 신생아 때 아기에게 시력이 생기면서 보기 시작하는 초점 책이나 흑백 책, 말을 트기 전에 소리를 듣고 촉감을 느끼는 등 다양한 감각을 자극하는 책, 말을 트고 나서 다양한 어휘를 맛보는 책, 기관에 입학하면서 규칙을 배우는 책 등 시기에 따라 필요한 책은 분명 있습니다. 하지만 무작정 주변에서 좋다는 책이 내 아이에게 좋은 책일까요? 내 아이에게 맞는 책은 양육자만 알 수 있습니다. 아이의 흥미, 호기심, 기질, 성향을 가까이에서 관찰할 수 있는 건 양육자밖에 없으니까요. 물론 아이를 관찰하고 그에 걸맞은 좋은 책을 고르는 일은 어렵습니다. 시도하고 실패하고 성공하기를 반복하게 되죠.

저는 전집보다는 단행본을 우선시합니다. 국내외 창작 단행본은 그림과 내용, 주제나 메시지가 전집보다 더 양질입니다. 그리고 한 권을 읽고 아이가 좋아하게 되면 또 다른 한 권을 아이와 함께 찾아 나서는 책 여행도 즐겁고요. 물론 저도 아이에게 맞춤한 책을 골라주는 데 실패한 적이 있습니다. 아이가 좋아할 거라고 생각했는데 예상을 빗나갔죠. 한창 화산과 지진 같은 뉴스를 궁금해하길래 관련된 책을 보여주었더니 피하더군요. 아이가 책을 피한 이유는 나중에 알았는데요. 정보는 궁금하지만, 화산 폭발이나 지진으로 사람이 다칠 수도 있다는 사실을 어렴풋이 알고 나서 무서웠던 모양이었습니다. 반대로 아이가 예스러운 그림체를 선호하지 않아 좋아하지 않을 거라고 생각했는데 흥미를 보인 책도 있습니다. 바로 옛이야기 시리즈인데요. 이를테면, 국내 이야기는 흥부와 놀부, 선녀와 나무꾼, 전우치 같은 이야기이고, 해외 이야기는 빨간 모자와 늑대, 라푼젤 이야기들요.

그렇다면 아이가 어떤 책을 읽어야 할까요? 아이와 어떤 책을 함께 골라야 할까요?

저는 우선 아이가 좋아하는 공룡이 등장하는 책으로 시작했습니다. 3, 4세 아이들은 등장인물의 특징이나 책의 서사를 정확하게 이해하긴 어렵습니다. 책의 내용을 요약하거나 주제를 찾는 활동도 어려워하죠. 그래서 처음엔 아이가 좋아하는 캐릭터 공룡, 드래곤, 몬스터, 악어 등을 따라가며 이야기를 익히는 책을 주로 봤습니다. 아이들 책은 동물이나 사물을 의인화한 책이 많지만, 아이들은 자연스럽게 인간 세계와 연결해 생각합니다.

두 번째로는 경험했던 장소나 상황에 관한 책을 보았습니다. 동물원에 다녀왔다면 동물원 책을, 미술관에 다녀왔다면 미술관 책을, 놀이터에서 시소를 신나게 탔다면 시소가 등장하는 책을요. 바다에 다녀온 날은 바다가 등장하는 책을, 수영장에 다녀왔다면 수영장에서 이야기가 벌어진 책을, 유치원에서 시장에 다녀왔다면 시장이 등장하는 책을, 눈 내린 날 눈사람을 만들었다면 눈사람이 나오는 책을, 크리스마스를 앞두고 있다면 크리스마스와 관련된 책을요. 아이들은 경험하기 전보다 경험한 후에 그 대상을 더 흥미롭게 받아들입니다. 그리고 다음의 경험을 기다리죠.

　세 번째로는 어린이집이나 유치원에서 활동하는 주제와 집에서 읽는 책을 연결했습니다. 어린이집과 유치원에는 매주, 매월 교육 주제가 있습니다. 누리과정에 따라 대체로 대주제가 정해지고 기관에 따라 소주제를 정합니다. 아이가 유치원에 입학했던 해에 각 달의 대주제는, 1월은 새해와 생활 도구, 2월은 즐거웠던 우리 반, 3월은 유치원과 친구, 4월은 봄, 5월은 나와 가족, 6월은 우리 동네, 7월은 여름, 8월은 교통기관, 9월은 우리나라와 세계 나라, 10월은 가을, 11월은 환경과 생활, 12월은 겨울(2024년 기준)이었는데요. '우리나라와 세계 나라'가 대주제였던 9월에 아이는 유치원에서 태극기와 떡, 한복, 한글, 태권도를 배웠습니다. 이 시기 도서관에서 『호랭떡집』, 『떡이 최고야』 등 떡 관련 책을 스스로 고르더라고요. 그 좋아하는 공룡 책이 옆에 있는데도 말이죠. 음식과 관련한 책은 흥미를 보인 적이 없었는데, 그해 9월엔 떡과 관련된 책을 여러 권 보았어요. 책에 등장하는 떡도 실제로 맛보면서요. 이때 저도 세상의 모든 떡을 먹은 듯합니다. 잔기지떡 등 새로 알게 된 이름의 떡도 많고, 화전처럼 잊었던 떡을 찾아 헤매기도 했고요.

네 번째로 아이가 좋아하는 책을 쓴 작가의 다른 책을 함께 읽었습니다. 단행본을 보다 보면 분명 아이가 흥미로워하는 책을 만나게 됩니다. 한 작가의 책 중 한 권만 좋아하기도 하지만, 대체로 다른 책도 좋아하는 경우가 많습니다. 작가의 그림체가 비슷하고 세계관이 연결되기 때문입니다. 상상 가득한 『고릴라』의 앤서니 브라운, 공룡이 등장하는 『쿵쿵』의 경혜원, 어린이가 상상 같은 경험을 하는 『문어 목욕탕』의 최민지, 설화와 상상 속 캐릭터가 등장하는 『태양 왕 수바』의 이지은, 일상생활이 재밌게 펼쳐지는 『유타의 새 자전거』의 후쿠다 이와오나 『몽글몽글 편의점』의 김영진 등이요. 이처럼 나의 아이는 글과 그림 모두 창작하는 작가를 좋아하더라고요. 글과 그림의 연결성이 좋은 걸 아이도 느끼나 봅니다. 이 작가들의 책을 좋아해 출간된 모든 책을 서점이나 도서관에서 찾아보았죠.

　　다섯 번째로 아이가 좋아하는 스타일의 그림체를 살펴보았습니다. 아이마다 좋아하는 스타일의 그림체가 다릅니다. 하지만 대체로 먹으로 선이 그려지고 채색된 한국화 스타일의 그림을 좋아하지 않고, 어두운 색채로만 가득한 그림책도 즐겨보지 않습니다. 어두컴컴한 것을 좋아하지 않죠. 아이마다 무서워하는 캐릭터도 있고요. 어떤 책을 함께 읽자고 가져왔는데 아이가 "싫어, 무서워!" 하며 거부했다면 분명 이유가 있습니다. 어떤 캐릭터가 무서웠을 수도, 싸우는 장면이 무서웠을 수도, 눈이나 귀 모양이 무서웠을 수도, 싫어하는 동물이나 무엇이 주변 요소로 등장했을 수도 있습니다.

앞서 말씀드린 방법들로도 책을 고르기 어렵다면 그림책 상 수상작을 살펴보는 것도 방법입니다. 그림책 상은 볼로냐 라가치 상, 칼데콧 상, 뉴베리 상, 아스트리드 린드그렌 상, 안데르센 상 등 세계적인 상과 국내 창작 그림책을 발굴하는 대한민국 그림책 상, 사계절 그림책 상, 보림 창작 그림책 상 등이 있습니다. 수상 작 그림책은 전문가들이 선정한 책으로 그림의 완성도나 이야기 가 검증되었죠. 그림책 상 수상작들은 대체로 새롭고 독창적인 주 제를 다루어 다양한 시각을 가진 책들이 많습니다. 따라서 양육자 입장에선 안심하고 책을 선택할 수 있는 방법이 됩니다. 상을 수 상한 그림책들은 다양한 작가가 다채로운 그림체로 여러 종류의 주제와 소재를 다루고 있기 때문에 아이가 어떤 책을 좋아하는지 알 수 있기도 하고요. 수상작을 묶어 세트로 판매하거나 구독 서 비스를 하는 곳도 있는데요. 전 그보다는 역시 단행본으로 한 권 씩 살펴보는 걸 추천합니다.

때로는 아이가 처음엔 흥미를 보였지만 몇 장 읽다가 재미없 어 하는 책도 있을 겁니다. 그럴 땐 "뒤엔 어떤 내용이 있는지 끝 까지 볼까? 아니면 나중에 볼래?" 하고 아이의 의견을 물어보세 요. 모든 책을 끝까지 다 읽을 필요는 없습니다. 아무리 짧은 그림 책이라 해도 완독하지 않아도 되고요.

전 시대 변화에 뒤처진 책은 지양합니다. 특히 고전 설화나 오래된 세계 동화 중 오래전에 번역되었거나 재번역되었더라도 시대적 감각이 뒤떨어진 책이 있습니다. 오래전 이야기는 각색되어 출간되기 때문에 책마다 이야기도 조금씩 다르고요. 실제로 어느 출판사에서 출간한 『헨젤과 그레텔』을 아이와 함께 읽은 적이 있습니다. '헨젤과 그레텔'은 그림 형제의 이야기가 원작인데 15세기 독일을 시작으로 세계에 퍼진 이야기입니다. 우리는 '헨젤과 그레텔'에서 과자로 만들어진 환상적인 집만 기억하지만, 이야기는 가난한 집의 새엄마가 아빠와 계략을 짜서 아이들을 숲속에 버리는 내용으로 시작합니다.

"새엄마가 뭐야? 세 엄마야? 세 명 엄마?"

아이는 새엄마의 의미를 모르니 처음엔 '세' 엄마로 이해하더라고요. 네 살도 안 된 아이에게 새엄마의 뜻을 설명하기는 어려웠습니다. 그런데 더 큰 문제는 뒤에 나오는 내용이었습니다. 아이들을 방치했던 아버지가 갑자기 아이들을 다시 만나 애틋하게 포옹하는 장면이 나왔죠. 마녀의 집에서 보석을 가지고 나온 아이들을 반기는 아버지라니. 이런 내용을 아이가 이해할까요? 이해하더라도 다양한 가족 관계를 알고 건강하게 인식할까요?

언어가 순화되지 않은 책도 지양합니다. 초등학생 이상이라면 아이가 언어의 의미, 사용하면 안 되는 말을 알고 선택해 사용합니다. 하지만 영유아는 언어의 의미나 적당한 상황을 파악하지 못하기도 합니다. 어떤 그림책에는 대수롭지 않게 '바보', '멍청이' 같은 단어들이 나오는데요. 유아는 상황에 맞지 않게 이 단어들을 모방할 수 있습니다. 아이가 언어를 사용할 때 어떤 상황에 어떤 맥락으로 어떻게 말해야 하는지 인지하고 판단할 수 있어야 합니다.

그리고 아이가 세계를 받아들이는 속도도 생각해야 합니다. 아이와 윤정주의 『꽁꽁꽁』을 함께 읽는 중이었습니다. 책 속에서 냉장고 문이 열린 탓에 음식들이 "더워 죽겠네"라고 말했습니다. 아이는 금세 "죽어? 죽는다고?" 묻고는 "이건 나쁜 말 아냐? 써도 돼?"라고 말하더군요. '죽겠네'가 '죽음'만 뜻하는 게 아니라 '너무 힘들다'라는 의미로 쓰이기도 한다고 설명해주었습니다. 하지만 아직 죽음의 본래 의미도 받아들이지 못한 아이가 우의적 표현을 받아들이기엔 조금 시간이 걸렸습니다. 그렇다고 아이에게 읽힐 모든 책을 양육자가 검열하듯 먼저 읽어야 한다는 소리는 아닙니다. 이런 상황이 생겼을 때, 아이가 이해할 수 있는 수준에서 설명해주면 됩니다.

아이가 세상을 받아들이는 속도에 따라 책을 골라주세요. 나에게 좋은 책, 아이에게 좋은 책은 분명 있으니까요. 나이에 따라, 발달 속도에 따라, 인지 능력에 따라, 흥미에 따라 다른 책을 함께 읽어주세요.

# 유아 누리과정 영역 연계 책 추천

추천 도서란 말 그대로 추천일 뿐이지 가장 좋은 책도 가장 적합한 책도 아닙니다. 내 아이를 관찰해 아이에게 필요한 책과 아이의 호기심을 끌만 한 책을 선택해 읽으면 됩니다. 그래도 책 선택이 고민스러운 분들을 위 해 시작이 될 수 있는 책을 추천합니다.

다음에 추천한 책들은 유아가 경험해야 할 내용으로 구성된 유아 누리과 정 영역과 연계한 것입니다. 즉, 실내·외에서 신체 활동을 즐기고, 건강하 고 안전한 생활을 위한 '신체 운동·건강' 영역, 일상생활에 필요한 의사소 통 능력과 상상력을 기르는 '의사소통' 영역, 자신을 존중하고 더불어 생 활하는 태도를 가지는 '사회관계' 영역, 아름다움과 예술에 관심을 가지 고 창의적 표현을 즐기는 '예술경험' 영역, 탐구하는 과정을 즐기고, 자연 과 더불어 살아가는 태도를 가지는 '자연탐구' 영역으로 나누었습니다. 유아를 주요 대상으로 한 추천이지만 초등 저학년까지 읽으면 좋은 책들 입니다.

★ **신체 운동·건강 영역**

『**브로콜리지만 사랑받고 싶어**』 별다름·달다름 글, 서영 그림, 키다리
채소와 어린이가 친근한 사이가 되도록 하는 귀여운 이야기

『**무엇이든 할 수 있는 손 손 손**』 정연경 글, 김지영 그림, 책속물고기
손의 모양, 움직임, 기능에 관해 놀이로 알려주는 책

『**일곱 살 마음 요가**』 안 크라에 글·그림, 서유 옮김, 톡
아이의 신체와 마음이 치유와 회복의 시간을 갖도록 하는 책

『**손가락 요괴**』 김지연 글, 김이조 그림, 보랏빛소어린이
손 씻기의 중요성과 건강에 관해 알아보는 책


⭐ **의사소통 영역**

『**고릴라와 너구리**』『**돌아온 고릴라와 너구리**』 이루리 글, 유자 그림, 북극곰
'ㄱㄴㄷ'으로 만든 사랑스러운 이야기

『**홀짝홀짝 호로록**』 손소영 글·그림, 창비
다양한 의성어, 의태어를 통해 행동과 감정과 이야기를 나누는 책

『**우리는 친구**』 앤서니 브라운 글·그림, 장미란 옮김, 웅진주니어
다양한 감정 표현과 대화 방식을 습득하는 책

『**네 기분은 어떤 색깔이니?**』 최숙희 글·그림, 책읽는곰
자꾸 달라지는 기분을 색깔로 표현해보는 책

『**미안하고 고맙고 사랑해**』 김영진 글·그림, 길벗어린이
가족 간에 서툰 마음을 솔직하게 표현하는 방법에 관한 이야기

## ★ 사회관계 영역

『프레드릭』 레오 리오니 글·그림, 최순희 옮김, 시공주니어
개인의 다양성과 공동체 내에서의 역할에 대한 우화

『핑!』 아니 카스티요 글·그림, 박소연 옮김, 달리
나와 상대가 다를 수도 있음을 배우는, 관계와 감정에 관한 그림책

『괜찮아』 전이수·전우태 글·그림, 걸어가는늑대들
다양한 감정을 이해하고 표현하는 방법

『두근두근 달리기하는 날』 구스노키 시게노리 글, 이나바 다쿠야 그림, 엄혜숙
옮김, 킨더랜드
못하는 일에도 두려운 일에도 도전해보는 이야기

『틀려도 괜찮아』 마키타 신지 글, 하세가와 토모코 그림, 유문조 옮김, 토토북
교실에서 틀린 답을 이야기해도 괜찮다고 이야기하는 책


## ★ 예술경험 영역

『뒤죽박죽 미술관』 유주연 글·그림, 책읽는곰
세계적 명화를 소동극으로 스토리텔링해 재밌게 접해볼 수 있는 그림책

『점』 피터 레이놀즈 글·그림, 김지효 옮김, 문학동네
창의적 표현과 자신감 발달을 돕는 이야기

『**즐겁게 그리자!**』 가브리엘 알보로조 글·그림, 김혜진 옮김, 국민서관
그림을 그리기 시작하는 아이에게 어떻게 무엇을 그려야 할지 표현과 상
상에 아이디어를 주는 책

『**아주아주 특별한 집**』 루스 크라우스 글, 모리스 샌닥 그림, 홍연미 옮김, 시공
주니어
소리와 감각의 연결을 상상력 풍부하게 표현한 책

⭐ **자연탐구 영역**

『**강아지똥**』 권정생 글, 정승각 그림, 길벗어린이
생명의 소중함과 존재의 의미를 다룬 그림책

『**구름**』 공광규 글, 김재홍 그림, 바우솔
구름과 열두 동물에 관한 관찰 또는 상상을 그린 그림책

『**나무를 심은 사람**』 장 지오노 글, 프레데릭 백 그림, 햇살과나무꾼 옮김, 두레
아이들
식물의 성장과 생태계의 변화를 관찰하며 희망과 회복에 관해 이야기하
는 책

『**밤의 과학**』 발레리 기두 글, 엘렌 라이칵 그림, 박나리 옮김, 책속물고기
밤이 들려주는 지구와 우주에 관한 신비한 자연의 이야기

그림책 상은 매년 출간된 책 중 뛰어난 그림책에 상을 주는 수상 형태와 창의적인 창작 그림책을 발굴하기 위한 공모전 형태가 있습니다. 그중 직접 읽고 좋았던 그림책 몇 권을 소개합니다.

★ **볼로냐 라가치 상** (Bologna Ragazzi Award)
'볼로냐 국제 아동 도서전'에서 매년 전 세계에서 출간된 어린이책 중 부문별로 최고의 작품을 선정해 시상하는 권위 있는 아동 도서 상입니다.

『**달리다 보면**』 김지안 글·그림, 웅진주니어, 2024년 수상작
『**달의 왕과 사라진 장난감**』 베랑제르 쿠르뉘 글, 도나티앵 마리 그림, 김주경 옮김, 주니어김영사, 2020년 수상작
『**민들레는 민들레**』 김장성 글, 오현경 그림, 이야기꽃, 2015년 수상작
『**알록달록 오케스트라**』 안나 체르빈스카 리델 글, 마르타 이그네르스카 그림, 이지원 옮김, 비룡소, 2012년 수상작
『**금요일엔 언제나**』 댄 야카리노 글·그림, 이순영 옮김, 북극곰, 2009년 수상작

★ **칼데콧 상** (The Caldecott Medal)
1938년 영국 그림책 작가 랜돌프 칼데콧을 기리기 위해 제정된 상으로

미국 어린이도서관서비스협회(ALSC)에서 주관하며 미국 내에서 출간된 아동용 그림책 중 가장 뛰어난 그림책에 주는 상입니다.

『오싹오싹 당근!』 에런 레이놀즈 글, 피터 브라운 그림, 홍연미 옮김, 주니어 RHK, 2013년 수상작
『사자와 생쥐』 제리 핑크니 글·그림, 윤한구 옮김, 별천지, 2010년 수상작
『괴물들이 사는 나라』 모리스 샌닥 글·그림, 강무홍 옮김, 시공주니어, 1964년 수상작

★ **뉴베리 상(Newbery Medal)**
1922년 영국 출판인 존 뉴베리를 기리기 위해 제정된 상으로 미국도서관협회(ALA)가 매년 미국에서 출판된 아동문학 작품 중 가장 뛰어난 작품에 수여하는 상입니다. 여기서 소개하는 책 외에도 초등학교 고학년 이상이 읽으면 좋은 책들이 많습니다.

『행복을 나르는 버스』 맷 데 라 페냐 글, 크리스티안 로빈슨 그림, 김경미 옮김, 비룡소, 2016년 수상작
『세상에 단 하나뿐인 아이반』 캐서린 애플게이트 글, 정성원 옮김, 다른, 2013년 수상작

★ **아스트리드 린드그렌 상(Astrid Lindgren Memorial Award)**
2002년 스웨덴 아동문학가 아스트리드 린드그렌을 기념하기 위해 스웨덴 정부가 제정한 상으로 세계 최대 규모의 상금으로도 유명한 아동·청소년 문학상입니다.

『숲에서』 에바 린드스트룀 글·그림, 이유진 옮김, 단추, 2022년 수상작

『달 샤베트』 백희나 글·그림, 스토리보울, 2020년 수상작

★ 사계절 그림책 상

사계절의 감성을 담은 서정적 그림책을 발굴하는 공모전입니다.

『달꽃 밥상』 지영우 글·그림, 4회 수상작
『작은 버섯』 정지연 글·그림, 3회 수상작
『고롱고롱 하우스』 조신애 글·그림, 2회 수상작
『달님이랑 꿈이랑』 양선 글·그림, 2회 수상작
『내 마음 ㅅㅅㅎ』 김지영 글·그림, 1회 수상작

★ 웅진주니어 그림책 상

신인 작가와 기성 작가 모두 응모할 수 있는 공모전으로 창의적인 그림책
을 발굴하기 위해 마련된 상입니다.

『소풍날』 김규하 글·그림, 6회 우수상 수상작
『동갑』 길상효 글, 조은정 그림, 5회 우수상 수상작
『나는 코끼리야』 고혜진 글·그림, 4회 우수상 수상작
『물고기가 댕댕댕』 유미정 글·그림, 3회 우수상 수상작
『풀친구』 사이다 글·그림, 2회 대상 수상작
『앗! 줄이다!』 조원희 글·그림, 1회 대상 수상작

★ 보림 창작 그림책 상

새롭고 개성 있는 표현 방식을 시도한 창작 그림책에 주는 상입니다.

『감기 걸린 날』 김동수 글·그림, 2002년 수상작

# 책 읽어주기와
# 읽기 독립

아이가 글자를 읽게 되면 읽기 독립을 시키는 양육자가 많습니다. 사실 책을 읽어주는 일은 보통 이상의 에너지가 드는 일입니다. 저 역시 빨리 아이가 글자를 읽어 혼자 책을 읽었으면 좋겠다고 자주 생각했으니까요. 도서관에라도 다녀온 날이면 수 권의 책을 하루에 몇 번씩 읽어줘야 합니다. 그래서 한글을 더 빨리 알려줘야겠다고도 생각했죠.

어떤 아이는 한글을 따로 공부하지도 않았는데 네 살, 다섯 살부터 책을 술술 읽는 아이도 있습니다.

"저희 아인 네 살부터 한글을 읽었어요. 그림책을 많이 읽어줘서 그런지 저절로 깨우치더라고요."

미디어에 나와 혼자 책 읽는 아이의 모습을 보면 또래 아이의 부모들은 마음이 조급해지죠. '우리 아이도 한글을 가르쳐야 하나?', '우리 아이도 책을 많이 읽는데 왜 한글을 읽지 못할까?' 하면서요. 실제로 제 아이의 친구 부모에게 연락도 받았습니다. 나의 아이가 그림책을 보던데 한글을 읽을 줄 아냐고요. 그 질문을 들었을 땐, 아이가 만 5세 생일을 앞둔 날이었는데요. 당시엔 좋아하는 글자만 읽을 줄 알던 때였습니다. 저도 내심 아이가 책을 좋아하니 만 5세 정도면 한글을 술술 읽을 줄 알고 기대했습니다.

그러나 아이가 글자를 빨리 읽는 것이 중요할까요, 글자와 글자 사이에 숨은 맥락과 이야기를 읽는 것이 중요할까요? 나의 아이는 한 글자 한 글자 읽게 되면서 "나 한글 잘 읽지? 책 많이 봐서인가 봐"라고 말하며 뿌듯해하더라고요. 만 5세 생일이 두 달쯤 지난 뒤부턴 책의 제목을 읽기 시작했습니다. 『내가 만든 몬스터』는 '나가 만든 몬스테', 『고래 대 새우』는 '고래 다 새우', 『연못 속의 공룡 나라』는 '여모 소의 공룡 나라'로 읽었고, 『이파라파냐무냐무』나 『작은 별의 선물』은 정확히 읽었습니다. 제일 먼저 읽고 쓴 글자는 '공', '룡'과 자신의 이름에 든 글자였습니다. 만 5세 생일에서 여섯 달이 지난 후에는 자음자가 두 개인 받침을 빼곤 대체로 모든 한글을 읽기 시작했습니다. 간혹 'ㅏ'와 'ㅓ'를 헷갈리긴 했지만요.

아이마다 한글을 깨우치는 시기는 다릅니다. 관심을 갖는 시기도 다르고요. 깨우치는 시기는 관심을 갖는 시기와 연결되는데요. 일부러 디지털 기기나 학습지를 통해 한글을 가르치며 조급해할 필요는 없습니다. 보통의 아이들은 이른 나이에 한글을 읽기 시작했다고 문해력이 높은 것도 아니고 미래 학습 능력이 뛰어난 것도 아닙니다.

아이가 처음 글자를 읽기 시작하면 글자에 집중합니다. "엄마 여기 '가' 있어, 이건 '서'야, '양'도 있다"라며 글자 찾기에 바쁩니다. 간판이며 표지판이며 글자 찾기에 열중합니다. 글자에 관심을 가질 때 한글 공부는 필요합니다. 저는 아이가 글자에 관심을 가질 때, 그림책 제목 정도를 손가락으로 가리키며 읽어주었습니다. 모든 페이지를 그렇게 읽으면 아이가 책 읽기에 흥미를 잃을까 봐 최소한만 알려주었죠. 한글을 깨우쳐 글자를 읽는 것과 책을 읽는 것은 다릅니다. 글자를 읽는 건 책을 읽는 게 아닙니다. 책을 읽는다는 건 생각의 힘을 키우는 일입니다. 글자와 글자 사이에 숨은 맥락을 읽고 인지하고 추론하고 상상하는 활동이죠. 그리고 책을 낭독하며 함께 읽는 건 한글 습득에도 분명 도움이 됩니다. 눈으로만 글자를 볼 때보다 한글에 대한 음운론적 인식을 잡아가는 데 중요한 역할을 하기 때문입니다.

요즘 책을 읽어주는 디지털 기기가 많습니다. 디지털 기기가 책을 읽어주는 것을 들으며 책을 보는 것은 종이책을 읽는 행위와는 전혀 다른 일입니다. 『허클베리 핀의 모험』을 쓴 마크 트웨인(Mark Twain)이 말했습니다. 우리를 곤란하게 만드는 것은 무지

(無知)가 아니라 안다고 착각하는 것이라고요. 디지털 기기로 동화를 틀어주면 아이는 집중하고 양육자는 휴식을 취할 수 있습니다. 그리고 착각하죠. '아이가 책을 읽었다' 또는 '아이가 책을 많이 읽내'라거나 '아이가 책을 좋아한다'라고요. 하지만 이것은 동화를 '본' 것이지 '읽은' 것은 아닙니다. 일종의 환각 현상입니다.

디지털 기기로 보는 전자책이나 학령기가 되어 읽기 시작하는 학습만화는 독서에 포함하지 않아야 합니다. 휴식 시간에 본다면 놀이처럼 대해도 되지만, 독서 시간엔 종이책 읽기를 해야 합니다. 아이는 책을 읽는 동안 자신의 기억과 정보를 총동원해 이야기의 장면을 만듭니다. 장면에서 들리는 소리나 냄새, 어떨 때는 맛이나 촉감까지 상상합니다. 따라서 책을 읽는 건 정적인 일이 아니죠. 매우 활동적인 일입니다.

아이에게 책을 읽어줄 때 중요한 건 읽어주는 사람과의 상호작용입니다. 글만 읽고 내용을 확인하려고 하지 마세요. 글을 읽은 후, 아이와 함께 그림을 보고 질문을 던지고 대화하세요. "무슨 내용이야?", "이해했어?", "무슨 글자야?"처럼 정보를 묻지 말고, "왜 이런 표정이야?", "왜 이런 말을 했을까?", "○○라면 이럴 때 어떻게 했을 것 같아?"라고 아이가 생각할 수 있는 질문을 해보세요. 아이가 이야기를 따라오지 못해도 이야기를 확인하지 않는 것이 중요합니다. 저는 책을 읽어줄 때 가장 큰 장점은 아이가 어떤 걸 발견했는지, 어느 부분에 흥미를 느꼈는지 관찰할 수 있다는 점이라고 봅니다. 아이가 흥미로워하는 캐릭터나 주제, 소재 등이 있을 겁니다. 예를 들어, 앤서니 브라운의 『동물원』을 읽으면 어떤 아이는 고릴라에, 어떤 아이는 동물원이라는 장소에, 어떤 아이는 아빠나 형제의 표정에 관심을 가질 수도 있습니다. 또 어떤 아이는 동물이 불쌍하다고, 어떤 아이는 동물원에 가고 싶다고 할 수도 있습니다. 만약 아이가 동물원이란 장소에 관심을 가진다면 다음엔 동물원을 소재로 다룬 다른 그림책인 이수지의 『동물원』을 찾아보거나 앤서니 브라운의 『행복한 미술관』이나 주나이다의 『괴물원』을 맥락적으로 연결해봐도 좋습니다.

그렇다면 스스로 책을 읽는 읽기 독립은 언제부터 하면 좋을까요? 읽기 독립은 초등학교 입학 시기에 맞춰 계획해주세요. 여기서의 읽기 독립이란 간단한 정보와 간단한 문장 읽기를 뜻합니다. 현재 교육과정에 따르면 초등학교에 입학해 자음과 모음을 읽고 쓰며 한글을 배우지만, 읽기 독립이 안 된 아이들은 학습 격차가 생기는 것은 물론 학교생활을 어려워할 수 있습니다. 읽기 독립이 자신감의 문제로 이어지기도 하고요. 초등학교 2학년이 되면서부터는 스스로 책을 읽기 시작하면 좋습니다. 저학년이 지나면 아침 활동으로 독서를 하는 학교가 많습니다. 도서관에서 책을 대출하기도 하고 집에서 한 권씩 책을 가져오라고 하기도 하고요.

읽기 독립이 이루어졌더라도 책은 꾸준히 읽어주는 게 좋습니다. 아이가 책을 읽어달라고 할 때까진 읽어주세요. 읽기 독립

초기, 함께 읽기를 통해 아이가 책의 내용을 이해하는지, 대충 읽는 건 아닌지, 글이 아니라 그림으로 내용을 추측하는 건 아닌지, 잘못된 읽기가 있는지를 파악해야 합니다.

초등학교 4학년이 된 동네 아이가 가끔 엄마에게 책을 읽어달라고 했습니다. 처음엔 엄마와의 책 읽기가 즐거운 경험이었나 보다 하고 생각했다고 합니다. 이후 얼마간 살펴보니 읽어달라는 책은 대체로 재밌게 읽기는 어려운 비문학 책들이었습니다. 아이는 혼자 읽을 땐 잘 이해가 안 되는 데 엄마가 읽어주니 어느 부분이 중요한지 알게 되었다고 했어요. 같이 읽으니 어려운 부분도 좀 더 쉽게 이해가 된다고 했고요. 엄마는 그제야 아이의 의도를 알고 책 한 권을 일주일 동안 나누어서 읽은 후 토요일마다 함께 읽은 책을 주제 삼아 대화한 지 4개월이 지나고 있다고 합니다. 아이는 책 읽기에 자신감이 붙어 이제는 비문학도 문학도 스스로 읽기 시작했습니다.

읽기 독립이 시작되면 책을 읽어주던 시간을 가족 독서 시간으로 만드는 걸 추천합니다. 아이에게 책을 읽으라고만 하지 말고, 아이가 책을 읽는 시간에 양육자도 함께 책을 읽는 겁니다. 이 방법이 책 읽기 습관을 만드는 아주 중요한 장치가 될 겁니다. 읽기 독립을 하면서 책 읽기 습관을 들이는 게 중요합니다. 아주 작은 책 읽기 습관이면 됩니다. 하루에 한 권 읽기가 아니라 하루에 열 쪽 읽기, 한 챕터 읽기처럼요. 책 읽기 습관 들이기는 쉽게 해야 합니다. 자동차에 타면 안전벨트를 매듯이요. 아침에 일어나 밥 먹기 전 책을 열 쪽 읽거나 자기 전 열 쪽을 읽는 것이 중요합니다. 숫자로 계산되는 시간이나 권수가 아니라 쉽게 반복하는 습관으로요. 간혹 숫자로 목표를 세우면 아이가 책을 대충 읽고 숫자 채우기에 급급해집니다.

그러나 습관 들이기 방법도 아이의 성향에 따라 다를 수 있죠. 목표 의식이 뚜렷한 아이라면 한 권을 읽고 하나의 스티커를 붙이는 식으로 성과를 측정하는 게 중요할 수도 있습니다. 인정 욕구가 높은 아이라면 책을 읽고 양육자나 선생님의 칭찬이 보상으로 작용하기도 합니다. 대체로 하루아침에 믿기지 않는 성공을 거두는 사람은 없습니다. 간혹 극적인 전환점이 생기기도 하지만 성공으로 보이는 꼭짓점은 모두 작은 하루가 모여 만들어집니다.

책 읽기가 중요하다는 이야긴 너무 많이 들어 숨 쉴 때 공기가 필요하다는 말처럼 느껴질 겁니다. 무엇보다 아이가 왜 책을 읽어야 하는지를 생각해보세요. 나의 이유, 내 아이의 이유를요. 한글을 빨리 배우는 것, 책을 많이 읽는 것이 목표가 아닐 겁니다. 중요한 건 아이가 무엇을 위해 배우는지, 무엇을 위해 사는지 스스로 질문하고 대답하는 능력을 키우는 일 아닐까요? 앞으로 수많은 선택을 하며 살아갈 어린이들입니다. 어릴 적부터 양육자와 함께 읽은 책이 어린이가 더 나은 선택을 하는 데 분명 도움이 될 거라고 믿습니다.

# 영어책 읽기는
# 언제부터가 좋을까?

"저희 아이는 영어가 한국어보다 편하대요. 책도 영어책만 읽어요."

영어유치원 입학 전부터 영어 학습지를 했다는 아이가 이제 막 초등학교에 입학한 후였습니다.

"그럼 국제 학교에 다니고 있어요?"

"아니요. 학교에서 영어를 많이 하면 좋은데 아쉬워요."

영어 사용 국가에서 생활하고 학습하는 학생이 아닌데도 한 글보다 영어가 편하다면 무조건 좋은 일일까요? 국제 학교가 아 닌 이상 초등학교에 입학하면 한국어로 생활하고 공부합니다. 국 어뿐 아니라 수학, 과학, 사회 등의 과목을 모두 한국어로 배우고 한국어로 문제가 나오고 한국어로 답을 씁니다. 그런데도 한글을 읽고 쓰는 게 어렵고 한국어로 듣고 말하는 능력도 부족하다면 과연 옳은 일일까요? 물론 한국에서도 국제 학교에 입학하고 졸업해 국제사회에서 일하고 생활하는 것을 목표로 할 수도 있지만요.

영어유치원은 이미 많은 분이 알고 계실 겁니다. 교육부에 따르면 2019년 615곳에서 2023년 842곳으로 늘었습니다. 영어유치원 교육비는 전국 기준 월평균 120만 원이 넘고 서울의 경우 150만 원이 넘어 대학 등록금보다 비싼데도 인기는 늘어만 갑니다. 영어유치원은 엄밀히 말하면 교육부에 등록된 유치원이 아닌 영어 학원입니다. 나의 아이가 유치원에 갈 나이가 되니 선배 양육자나 동네 주민들이 영어유치원을 추천하더라고요.

"영어유치원 보내야지. 그래야 나중에 편해요."

"어떤 면에서 나중에 편하다는 건가요?"

"초등학교 가서나 중학교 때 영어 공부를 덜 해도 돼요."

많은 사람이 비싼 값에 영어유치원을 보내는 걸 보면서 저도 효능이 있을 것 같았습니다. 엄마표 영어를 하지 않아도 되고, 초등학교와 중학교에 가서도 영어를 상대적으로 수월하게 할 것 같았어요. 학습뿐 아니라 발음, 억양, 문법 등도 자연스럽게 익힐 테고, 영어를 대하는 자신감도 높아질 거고요.

요즘은 영어유치원도 다양합니다. 놀이식과 학습식, 절충식이 있습니다. 놀이식은 학습에 대한 스트레스가 적고 영어를 놀이와 활동으로 재밌게 습득합니다. 카드로 단어를 배우거나 노래로 발음을 배우고 놀이로 대화 문장을 배우는 식이죠. 자연스럽게 영어가 생활화된다는 장점이 있는 반면에 영어 습득 진도나 목표가 느립니다. 학습식은 체계적으로 교과과정을 두고 학습합니다. 기초부터 탄탄하게 영어의 규칙과 문법을 알고 빠르게 읽고 쓰는 걸 목표로 하죠. 다만 재미가 부족하기에 영어에 흥미가 떨어질 수 있고 학습량이 꽤 많아 스트레스가 생길 수 있습니다. 절충식은 학습식의 단점을 보완하기 위해 교과과정에 놀이나 활동을 접목한 방식입니다.

"같은 값이면 아웃풋이 좋은 데 보내야죠. 영어유치원에 보내면 일곱 살부터 웬만한 리더스북은 혼자 읽어요."

영어책은 그림책, 읽기 연습을 위한 리더스북, 단행본 전 단계인 챕터북으로 나뉘는데요. 유아기엔 그림책만으로도 충분합니다. 하지만 많은 영어 학습 기관이 리더스북 읽기를 숙제로 내고 목표로 하고 있습니다.

저도 내 아이만 이러다 뒤처지는 게 아닐까 하는 마음에 영어유치원 상담을 여러 곳 받았습니다. 영어유치원에 입학하지는 않았지만요. 입학하지 않은 이유는 다양한 것을 배우고 경험하는 것을 좋아하는 아이에게 맞지 않겠다는 판단 때문이었어요. 그리고 영어유치원들이 대개 아이의 성장 발달 속도에 비해 많은 학습량을 원하더라고요.

대체로 영어유치원은 레벨 테스트를 합니다. 5세 입학반은

하지 않는 곳이 있지만, 6, 7세에 신규로 들어간다면 레벨 테스트가 필수인데요. 이 레벨 테스트를 통과하려면 알파벳 대문자와 소문자를 읽고 쓸 줄 알아야 하고, 파닉스(phonics)를 알아야 합니다. 파닉스란 단어가 가진 소리, 발음을 배우는 건데요. 'cat'이라면 음소(낱소리) 'c', 'a', 't'를 [k], [æ], [t]이라고 각각 읽을 줄 알아야 합니다. 쉬운 단어들이지만 통단어로 말하는 게 아니라 음소를 읽을 정도로 학습이 되어 있어야 한다는 뜻이죠.

게다가 간단한 영어 대화도 할 줄 알아야 합니다. 이를테면, "How's the weather today?(오늘 날씨가 어때?)", "What color do you like?(무슨 색깔 좋아해?)" 등이요. 영어를 배우려고 영어유치원에 가는 건데 영어를 배워야만 입학할 수 있다는 아이러니가 있더라고요. 그래서 원하는 영어유치원에 입학하기 위해 입학 전부터 영어 센터에 다니고 영어 학습지를 하는 아이들이 있는 것입니다.

학습식 영어유치원에선 하루 세 권에서 다섯 권 정도 영어책을 리딩하는 숙제가 있습니다. 7세만 되더라도 영어로 300~500자 분량의 에세이를 써야 하는 게 보통입니다. 한글 읽기와 쓰기가 숙련된 아이라면 영어도 적극적으로 하면 좋겠죠. 하지만 보통의 학령기 전 아이들은 한글 에세이 쓰기 능력도 부족한 상태입니다. 저는 아이가 영어를 접할 때도 흥미를 느끼는 것이 가장 중요하다고 생각합니다. 읽기와 쓰기 중심의 학습이 아니라 모국어처럼 들기와 말하기가 우선시되어야 하고요.

요즘은 일반유치원과 병설유치원도 대체로 영어 수업이 있습니다. 그 빈도와 깊이와 교재와 방법의 차이는 존재하죠. 나의 아이는 일반유치원이지만 영어 노출이 많은 유치원에 입학했습니다. 일주일에 네 번은 영어 활동을 하고 두 번은 중국어 활동을 합니다. 학습이 아닌 습득을 위한 놀이 활동 위주였죠. 습득은 스스로 놀이나 경험을 통해 깨우치는 것이고 학습은 체계적인 교육을 통해 일어납니다. 일부 학자들은 습득과 학습을 구분하기도 하는데요. 전 어떤 분야든지 습득과 학습이 교집합을 이루며 능력이 발달한다고 생각합니다.

아이는 유치원에서 영어와 중국어를 접하며 일본은 일본어를 쓰고 프랑스는 불어를 쓰고 한국은 한국어를 쓴다는 걸 깨달았습니다. 언어에 따라 사는 지역이 다르고 날씨도 다르고 옷차림도 다르다는 것도 알아갔습니다. 그리고 영어를 좀 더 알고 싶어 했어요. 그때쯤 놀이식 영어 센터에 다녔습니다. 일주일에 한 번 센터에 가서 선생님과 함께 책을 보고 교구로 놀이를 하는 곳이었습니다.

"엄마, 나 학원 다닐래. 친구가 영어 학원 다닌대."

아이는 자신이 다니는 영어 센터를 학원이라고 인식조차 하지 못했습니다. 일주일에 한 번 선생님과 놀이하러 가는 곳이라고 생각했어요. 다만 한글이 아닌 영어를 쓸 뿐인 곳이었죠. 8개월이

지나니 아이는 알파벳 대문자와 소문자를 모두 구분하고 파닉스를 배운 적이 없는데 영어 음소를 조금 구분하기 시작하더라고요. 물론 놀이식 영어 센터를 다니면서도 파닉스 교재를 사서 아이와 별도로 공부하는 양육자도 있습니다. 늦은 진도와 목표를 기다리지 못하는 것이죠. 그렇다고 영어유치원이, 영어 선행 학습이 나쁘단 말은 아닙니다. 아이의 성향에 맞게, 아이의 성장 속도와 양육자의 교육 방향에 따라 기관에 보내면 됩니다. 중요한 건 내 아이의 속도와 방향입니다.

우린 왜 영어를 배워야 할까요? 왜 아이에게 영어를 배우게 할까요? 아주 어릴 때부터 아이를 영어 환경에 노출하거나 아이에게 영어를 학습시키는 양육자는 두 가지 이유 때문인 듯합니다. 하나는 아이가 바이링구얼(bilingual)이 되기를 꿈꿉니다. 바이링구얼은 이중 언어 구사자라고도 말하는데요. 모국어와 다른 한 언어, 두 개의 언어를 자유롭게 사용하는 사람이라는 의미입니다. 지금의 아이들은 우리 세대와는 다릅니다. 태어나면서부터 영어에 노출됩니다. 한글보다 알파벳을 먼저 익힙니다. 놀잇감도 책도 도시의 표지판도 영어에 먼저 익숙해지기 쉬운 환경입니다. 그렇다면 바이링구얼은 두 언어에 대해 동일한 언어능력을 가졌을까요? 가령, 엄마가 한국인이고 아빠가 영어가 모국어인 나라 사람이라면 모르겠지만, 그렇지 않다면 사실상 불가능하다고 생각합니다. 한 유명한 영어 통역자조차 생각은 한국어로 하고 꿈도 한국어도 꾼다고 했으니까요.

리터러시 학자인 김성우 교수는 『단단한 영어공부』에서 바이링구얼을 "균형 잡힌 이중 언어 구사자(balanced bilingual)"라고 말합니다. 두 언어를 고른 실력으로 자유로이 구사한다는 의미죠. 그에 따르면 균형 잡힌 이중 언어 구사자는 일상생활에서는 두 언어 모두 사용하는 것에 불편함이 없습니다. 하지만 자신의 전공이나 전문 분야에서도 두 언어 모두를 자유자재로 사용하는 것이 가능할까에 대해 의문을 제기합니다. 그리고 이렇게 말하죠. 모든 영역에서 두 언어를 자유자재로 구사하는 초능력자는 없다고요.

두 번째 이유는 선행 학습입니다. 도구적 관점인 것이죠. 도구적 관점은 무엇을 얻기 위한 수단이라는 의미입니다. 여기서는 '영어를 통해 무엇을 할 것인가? 무엇을 얻을 것인가?'이죠. '영어 성적을 잘 받겠다', '국제 학교 입학을 목표로 하겠다', '외교관이 되겠다' 등이요. 전 영어로 잘 말하지 못합니다. 논문의 초록이나 간단한 글은 읽고 해석하는 데 어려움이 없지만, 자연스럽게 대화하긴 어렵습니다. 돌이켜보니 전 단 한 번도 영어를 습득하려고 노력하지 않았던 것 같아요. 그보다는 영어를 학습해 성적을 올리는 걸 목표로 했습니다. 영어를 수단으로만 생각한 것이죠.

제가 아이가 영어를 배워야 한다고 여기는 이유에는 다원적 가치가 작용합니다. 아이가 다양한 경험을 하고 많은 기회를 얻길 바랍니다. 그 경험과 기회 앞에서 영어가 더 큰 문을 열어주길 바랍니다. 저는 아이가 알파벳과 한글을 구분하고 영어 콘텐츠에 흥미를 보일 무렵부터 영어 그림책을 함께 읽기 시작했습니다.

아이가 영어에 흥미를 느끼도록 몇 가지 방법을 시도해볼 수 있습니다. 먼저 그림책으로 시작합니다. 그림만 봐도 내용이 이해되는 책을 고르면 글을 몰라도 즐길 수 있습니다. 반복적인 문장이 나오는 책으로 시작해도 좋습니다. 그리고 양육자가 소리 내어 읽어줍니다. 함께 오디오북을 들어도 좋고요. 자연스럽게 영어 소리에 익숙해지게 하는 것이죠. 중요한 건 뜻을 완벽히 이해하는 게 아니라 소리를 듣고 '이야기를 듣는 즐거움'을 느끼는 겁니다.

아이가 영어 그림책 읽기에 조금 익숙해진 다음에는 영어 동요나 챈트(chant)가 나오는 책을 활용하면 신체 활동과 함께 놀이처럼 접근할 수 있습니다. 책 속 캐릭터가 되어 간단한 대사를 따라 할 수 있게 되면 더 흥미를 가질 수 있죠. 책에 나오는 동물, 색깔, 숫자를 따라 그려보거나 만들면 더 재미있게 배울 수 있습니다. 예를 들어, 나의 아이는 『The Very Hungry Caterpillar』를 읽고 애벌레 모양을 색칠하는 활동을 즐거워했습니다. 같은 책의 한글 번역본을 함께 읽어도 좋아요. 아이가 내용을 이해하는 데 도움이 됩니다. 아이는 '내용이 이해되니 영어가 어렵지 않구나!' 하고 자신감을 갖고 흥미를 보입니다. 모 윌렘스(Mo Willems)의 '비둘기(Pigeon)' 시리즈나 '코끼리와 꿀꿀이(Elephant & Piggie)' 시리즈 등을 한글로 먼저 읽고, 영어로 다시 보면 부담이 적고 반복되는 문장에 아이들도 재밌어 합니다.

가장 중요한 건 '억지로 공부하는 느낌'이 들지 않도록 하는 겁니다. 자연스럽게 재미를 느끼게 해야 합니다. 물론 재미를 느끼고 영어책을 많이 읽는다고 해서 영어유치원이나 영어 학원에 다니는 아이보다 영어 능력이 더 발달한다는 뜻은 아닙니다. 전 아이가 영어에 대해 계속 흥미를 이어가는 동시에 한글처럼 머릿속에 '영어의 방'을 만들어주기 위해 영어책을 읽어줍니다. 영어 성적의 월등함을 위해서가 아니라 아이가 영미 문화와 언어를 잘 수용할 수 있기를 바라는 관점에서 시작했습니다. 언어는 문화를 반영하니까요. 생각하고 언어로 말하는 것이 아니라 어떤 언어를 사용하는지에 따라 생각이 달라지고요. 학령기 이후의 성적이 중요하지 않다는 이야기는 아닙니다. 양육자의 가치관에 따라 배움의 과정이나 방식이 가장 다른 게 영어를 포함한 리터러시 영역입니다. 육아든 교육이든 흔들리지 마세요. 남들이 다 시키니까 불안해서 따라 하지 않아도 됩니다. 나의 아이를 관찰하며 나의 아이에게 맞게 나아가면 됩니다.

## 함께 보면 좋은 영어책과 한글책

영어책과 한글책을 꼭 동시에 볼 필요는 없습니다. 동시에 본다고 영어 습득에 더 효과적이지는 않습니다. 영어를 하나의 언어로 보고 흥미롭게 다가가는 방법의 하나로 보면 좋습니다. 단순한 문장 구조와 반복적인 패턴과 운율을 통해 자연스럽게 영어 리듬과 표현을 익힐 수 있는 그림책을 소개합니다.

『갈색 곰아, 갈색 곰아, 무얼 바라보니?(Brown Bear, Brown Bear, What Do You See?)』 빌 마틴 주니어 글, 에릭 칼 그림, 김세실 옮김, 시공주니어
매우 단순하고 반복적인 문장 구조로 색깔과 동물을 배울 수 있는 기본적인 어휘가 등장합니다.

『괴물들이 사는 나라(Where the Wild Things Are)』 모리스 샌닥 글·그림, 강무홍 옮김, 시공주니어
상상력을 자극하는 환상적인 이야기와 그림으로 감정과 행동에 관한 단어를 배울 수 있습니다.

『눈 오는 날(The Snowy Day)』 에즈라 잭 키츠 글·그림, 김소희 옮김, 비룡소
눈 오는 날의 모험을 담은 단순한 문장들로 계절, 날씨, 놀이에 관한 기본

어휘가 등장하며 아이가 공감할 수 있는 일상적 경험의 이야기입니다.

『내 모자 어디 갔을까?(I Want My Hat Back)』 존 클라센 글·그림, 서남희 옮김, 시공주니어
존 클라센의 '모자' 시리즈 중 한 권으로 모자를 찾는 곰의 이야기를 아이들이 재밌게 받아들입니다.

『비둘기에게 버스 운전은 맡기지 마세요!(Don't Let the Pigeon Drive the Bus!)』 모 윌렘스 글·그림, 정회성 옮김, 살림어린이
'비둘기' 시리즈의 첫 책으로 감정 표현과 간단한 대화 패턴을 습득할 수 있고, 아이들이 직접 비둘기에게 "No!"라고 말하며 상호작용할 수 있어 즐거워해요. 시리즈 모두 추천합니다.

『아주아주 배고픈 애벌레(The Very Hungry Caterpillar)』 에릭 칼 글·그림, 김세실 옮김, 시공주니어
숫자, 음식, 요일, 변화 과정을 배울 수 있고, 화려한 컬러와 구멍이 뚫린 독특한 페이지 디자인이 아이들의 관심을 끌기 좋습니다.

『자기만의 색(A Color of His Own)』 레오 리오니 글·그림, 김난령 옮김, 시공주니어
아름다운 수채화 일러스트와 함께 색깔, 동물, 자연에 관한 단어를 배우고 친구와 자아에 관해 생각할 수 있습니다.

『잘 자요, 달님(Goodnight Moon)』 마거릿 와이즈 브라운 글, 클레먼트 허드 그림, 이연선 옮김, 시공주니어
한 문장의 패턴이 반복되며 일상 사물을 가리키는 기본 단어를 배울 수

있고 간단한 문장과 조용한 톤으로 취침 전 읽기에 적합합니다.

『**처음 만나는 크아앙! 공룡 스티커북(DINOSAUR ROAR!)**』 폴 스틱랜드·
헨리에타 스틱랜드 글, 삼호에듀
공룡을 좋아하는 아이가 신체 활동을 하며 단순한 행동과 의성어·의태어
를 간단한 단어로 표현하고 익히기 좋습니다.

『**CLANG! 펭귄이 사라진 날의 기적(CLANG!)**』 샘 어셔 글·그림, 이상희 옮
김, 주니어RHK
'기적' 시리즈의 열 번째 책으로 할아버지와 아이가 펭귄을 찾아 나서는
모험 이야기입니다. 모험과 자연을 좋아하는 어린이들에게 추천합니다.

# 읽기 공간과
# 읽기 시간 만들기

　　읽기 습관은 초등학교 입학 전에 형성되기 시작합니다. 이때 가장 중요한 것은 '책을 즐기는 분위기'입니다. 양육자와 함께 책을 읽고, 일상에서 책에 대해 이야기하면 아이는 책을 좋아하는 습관을 지니게 됩니다. 유아기부터 초등학교 저학년 때는 대체로 읽기 독립이 되어 있지 않기 때문에 부모가 책을 읽어줍니다. 책을 읽어주는 행위만 함께 읽는 것이 아닙니다. 부모가 책을 보는 모습을 자주 보여주는 것, 아이가 읽기 독립이 되었거나 혼자 책장을 넘기며 그림만 볼 때에 부모도 옆에서 책을 읽는 것도 함께 책을 읽는 것이죠. 이때 아이가 책 읽기를 숙제처럼 해야 하는 일이 아니라 즐거운 경험으로 받아들이는 것이 가장 중요합니다.

　　그렇다면 책을 즐기는 분위기는 구체적으로 어떻게 만들어줄 수 있을까요?

먼저 아이에게 읽기 공간을 만들어주세요. 읽기 공간은 독서 습관을 형성하고 학습 능력을 키우는 데 큰 도움이 됩니다. 편안하고 즐거운 휴식 환경을 받아들이면 아이는 책과 가까워지고, 나아가 창작으로도 이어질 수 있습니다. 비장하게 만들어줄 필요는 없습니다. 비싼 가구도 필요 없고요. 일단 집 안의 한 공간을 읽기 공간으로 설정합니다. 아이 방, 서재, 거실 혹은 베란다나 가장 큰 넓이를 가진 공간의 일부여도 됩니다. 벽으로 막힌 단독 공간이 아니어도 됩니다. 공간을 분할할 때는 낮은 책장 한두 개로 공간을 구획해도 충분하고, 러그를 깔아 수평적 분할만 해도 괜찮습니다.

매력적인 읽기 공간을 위해 부드러운 쿠션, 아이의 손이 닿는 곳에 있는 작은 책장, 눈을 보호하는 적당한 조도의 조명이 있어도 좋고요. 포근한 공간을 만드는 러그나 편안한 의자를 두어도 좋습니다. 아이가 좋아하는 책 속 인물의 포스터나 아이가 직접 그린 그림을 걸어두어도 좋고, 작은 실내 식물, 이를테면 아이가 흥미로워하는 식충식물 화분이나 만세 선인장 같은 장식 요소를 추가해도 좋죠. 전 아이가 좋아하는 작은 인디언 텐트를 치트키로 사용했습니다.

책장은 아이의 눈높이에 맞춰 아이가 직접 책을 고를 수 있게 합니다. 주제나 아이의 독서 수준에 따라 책을 정리하면 아이가 관심 있는 것을 쉽게 찾을 수 있습니다. 일주일이든 한 달이든 시기를 정해 가장 잘 보이는 곳에 둔 책을 교체해줘도 좋습니다. 책이 아이에게 발견되어야 읽고 싶은 마음이 생기니까요. 우리 집은 읽기 공간이 두 곳으로 나뉘어져 있습니다. 아이가 가장 좋아하는 책은 자신의 방에 따로 둡니다. 자주 읽는 책이 아니라 가장 좋아하는 책들입니다. 읽기 공간이라기보다는 책을 소장하는 공간이죠. 전집이 번호 순서대로 꽂혀 있지 않아도, 책이 바닥이나 침대 옆에 흐트러져 있어도 됩니다. 그리고 읽기 공간은 고정된 하나의 공간이 아니어도 됩니다. 여러 곳이어도 되고 이동해도 되어요.

집에서 실제 읽기 활동이 가장 많이 일어나는 곳은 대체로 거실입니다. 거실엔 책장과 책 스탠드가 있는데요. 책 표지가 보이는 책 스탠드엔 아이가 가장 자주 읽는 책이 꽂힙니다. 책 스탠드에 놓이는 책은 주제에 따라 달라지는데요. 공룡, 드래곤, 화산, 악어, 식충식물 등 당시의 관심사가 가장 많이 반영된 책이 꽂혀 있습니다. 나의 아이는 책을 읽다가 마음에 드는 장면을 발견하면 그림으로 그리고 싶어 합니다. 그래서 읽기 공간에 그림 책상과 도구가 항상 함께 있습니다. 가장 중요한 것은 공간이 아이에게 즐거운 느낌을 주어 독서가 일상생활 속에서 자연스럽고 즐거운 활동이 되도록 하는 겁니다.

보통의 날엔 매일 잠자리 독서를 하는데요. 이땐 낮에 읽었던 책 중 다시 읽고 싶은 책이나 좋아하는 책을 스스로 골라 옵니다. 잠자리 독서는 대체로 침대에서 하므로 조명이 중요합니다. 너무 밝지도 어둡지도 않은 조명을 고릅니다.

　잠들기 전에 아이와 부모가 함께 책을 읽으면 이야기를 더욱 편안하게 느끼게 하고 양육자와 아이 사이의 안정감과 유대감을 강화합니다. 아이가 긴장을 풀고 부드럽게 잠에 들 수 있도록 도와주기도 하고요. 하지만 잠자리 독서 방법은 아이의 성향이나 생활 습관에 따라 다릅니다. 나의 아이는 한때 잠자리 독서를 하면 계속 책을 읽으려고 했습니다. 가져온 책을 다 읽으면 침실에서 나와 거실이든, 자기 방이든 가서 다시 책을 가져왔습니다. 이런 일이 한 번이 아니라 여러 번 반복되니 잠들 시간을 놓치곤 했죠. 아마 아이는 침대에서 책을 읽는 것 자체가 재밌고 즐거운 놀이라고 생각했던 듯합니다. 지금은 습관을 고쳐 잠들기 전엔 한두 권을 읽습니다. 가끔 "아직 부족한데 한 권 더 읽을까?"라고 말하며 한 권 정도 더 읽기도 하고요.

　가끔 잠자리 독서를 고집하는 양육자를 봅니다. 아이가 졸려 하거나 흥미가 없어도 책 읽기에 열중하죠. 잠자리 독서는 읽기 시간과도 연결되는데요. 읽기 공간만큼 중요한 건 양육자와 함께 하는 읽기 시간입니다. 매일 같은 시간에 읽지 않아도 됩니다. 잠자기 전 책을 읽는 잠자리 독서에 집착하지 않아도 괜찮습니다. 읽기 시간에서 중요한 건 매일 책을 읽고 부모와 대화하는 시간입니다. 아침, 낮, 밤 매일 똑같은 시간에 읽을 필요는 없습니다. 매일 한 권, 세 권 등 책의 양을 정할 필요도 없습니다. 날마다 아이와 함께 책 읽기가 어려우면 '월요일, 수요일, 금요일'처럼 격일로 읽어도 좋고, 토요일과 일요일에라도 함께 책을 읽으면 됩니다.

언제 읽을지, 얼마나 많이 읽을지에 대한 엄격한 규칙을 정하는 것보다 신경 써야 할 것은 읽기 활동을 일상의 일부로 만드는 것입니다. 아침에 그림책 한 권, 점심 후에 영어책 한 권, 잠자리에 들기 전에 몇 페이지만 읽어도 됩니다. 식탁에서든, 소파에서든, 공원의 벤치에서든, 도서관에서든, 아늑한 읽기 공간에서든 몇 분 동안 함께 읽기 활동을 하면 아이들이 책과 강한 유대감을 형성하게 됩니다.

그리고 책에 관해 대화해야 합니다. 전 이를 대화형 독서라고 부릅니다. 이야기에 관한 토론에 참여하는 것은 비판적 사고와 정서적 지능을 개발하는 데 도움이 됩니다. 책의 주제나 등장인물에 관한 이야기가 아니어도 됩니다.

"이 가방 속엔 무엇이 있을까?"

"김밥이랑 샌드위치! 소풍 가서 먹을 도시락!"

이야기 속에 등장하지 않은 이야기를 함께 상상해도 좋고요.

"앗! 신발을 잃어버리면 어떤 기분일까?"

"슬플 거 같아."

등장인물이 느낄 법한 감정을 아이에게 물어봐도 좋습니다.

"무지개가 떴네. 우리 무지개 본 적 있지, 기억나? 무지개는 언제 뜨는지 알아?"

"비가 내리고 해가 쨍쨍하면 무지개가 생겨!"

경험에 비추어 정보를 주고받아도 좋습니다.

아이와 책에 관해 대화할 땐 이야기의 사실적·추론적·비판적 이해나 분석, 어휘의 의미를 확인하려고 하지 말고 정말 책과 책 속 이야기에 관해 생각을 나누어주세요. 이야기에 여러 레이어를 추가함으로써 더욱 몰입적인 읽기를 할 수 있습니다. 기억하고 추론하고 상상하는 반복적인 활동을 통해 아이의 메타 인지 능력도 증대됩니다. 이러한 읽기 공간과 읽기 시간을 습관화해주세요. 언어능력과 이해력이 향상할 뿐만 아니라 스토리텔링과 읽기에 대한 사랑을 키워줄 겁니다.

# 읽기를 배우는
# 공간

집이 일상적인 읽기 공간이라면 이벤트적인 읽기 공간도 필요합니다. 이벤트적인 읽기 공간은 아이가 일상적인 읽기 활동을 넘어 새롭고 신나는 방식으로 책을 경험하는 특별한 환경입니다. 이를테면, 도서관 방문, 대형 서점이나 작은 동네 서점에서의 책 선택, 야외 독서 피크닉 또는 책 축제를 위해 설치된 아늑한 독서 텐트 등이 여기에 속할 수 있습니다. 이러한 이벤트는 독서에 대한 기대감을 조성하고 독서를 모험처럼 느끼게 해 아이가 독서의 즐거움을 알게 하는 데 도움이 됩니다. 그중 우리가 가장 쉽고 효과적으로 만날 수 있는 이벤트적인 읽기 공간은 도서관과 서점일 겁니다.

도서관은 대체로 공공에서 운영합니다. 1979년 최초의 공공

어린이 도서관인 서울시립어린이도서관이 개관했고, 2003년부터 그 수가 증가해 2025년 기준 전국에 있는 어린이 도서관 수는 국립어린이청소년도서관 1개, 공공어린이도서관 114개입니다. 공공도서관 내 어린이실은 1,296개로 전체 도서관의 약 95% 이상 설치되어 있습니다. 공립 어린이작은도서관은 1,585개가 운영되고 있습니다. 어린이도서관과 어린이실은 영유아부터 초등학생까지가 주 이용자입니다. 나이에 따라 지적 차이는 물론 신체적·정서적·심리적 차이가 크게 나는 때죠. 최근엔 어린이 영어도서관과 장난감도서관도 운영되고 있습니다.

저는 아이와 함께 격주로 한 번은 도서관에 갑니다. 어린이 열람실은 성인 열람실보다 일찍 문을 닫는 도서관이 많아 평일에 방문하기는 어려워 대체로 주말에 갑니다. 한 주는 동네를 벗어나 체험 활동을 한다면, 또 한 주는 동네에서 활동하곤 하는 거죠. 아이와 산책로, 놀이터, 동네 슈퍼를 지나 동네 도서관에 갑니다. 동네 도서관은 걸어서 갈 수 있는 도서관 두 곳, 장난감도서관이 있는 중앙도서관 한 곳까지 세 곳의 도서관을 번갈아 다닙니다.

가끔 주위를 보면 양육자가 아이가 읽을 책을 빌리고 반납하러 한 꾸러미를 이고 지고 오는 것을 봅니다. 양서를 골라 읽히고 아이와 함께 도서관을 왔다 갔다 하는 번거로움을 줄이기 위함일 테죠. 하지만 가능하다면 아이와 함께 도서관에 가세요. 도서관은 어린이를 위한 완벽한 읽기 공간입니다. 도서관은 다양한 책으로 가득하며 조용하고 몰입적인 환경을 제공합니다. 주의가 산만해질 수 있는 집과 달리, 도서관은 집중적인 독서와 탐구를 장려하는 분위기입니다. 아늑한 독서 코너, 어린이 친화적 가구, 사서의 맞춤 큐레이션 코너 등을 통해 어린이는 도서관에서 자신만의 방식으로 책과 교류할 수 있습니다. 또한, 최근에는 연령별로 다양한 프로그램도 열립니다. 동화 구연부터 어린이 글쓰기, 책 연극, 책으로 코딩하기 등 책으로 여러 분야를 배우고 경험하는 공간이 되었습니다. 어린이 독서 모임을 운영 중인 도서관도 있고요. 이렇듯 다양한 책과 책 경험을 제공하므로 새로운 관심사를 발견하고 상상력을 넓힐 수 있습니다.

도서관에 가면 나의 아이는 어린이 열람실에 들어가 자리를 잡고 읽고 싶은 책을 찾아 두리번거립니다. 한글을 읽지 못했을 때도 읽기 시작했을 때도 일단 서가를 서성였습니다. 체계적으로 분류 기호에 따라 책이 분류되어 있지만, 아이는 여기쯤 자신이 좋아하는 주제의 책이 있고, 저기쯤 자신이 좋아하는 책 시리즈가 있음을 몸으로 알고 있습니다.

"엄마, 이 책 우리 집에도 있는데 도서관에도 있어!"

"그렇네. 똑같은 책이네."

아이는 도서관에서 자신이 갖고 있는 책을 만나면 무척 반가워합니다. 손길이 많이 닿아 너덜너덜해진 책을 만날 땐, 이렇게 말하곤 합니다.

"엄마, 이 책은 왜 이렇게 구겨졌어?"

"친구들이 좋아해서 많이 읽었나 봐."

"그럼 나도 읽을래. 재밌어서 많이 읽었나 봐."

사람들이 많이 본 책은 그만큼 인기 있고 좋은 책이라고 생각하나 봅니다. 아이들의 손길이 닿지 않아 빳빳한 책을 보면, 책 읽기 욕심을 내기도 하죠.

"와, 새 책인가 봐. 내가 먼저 읽어야지."

그러곤 이내 이런 반응입니다.

"다른 친구들도 이 책 읽으면 좋겠다."

아이가 도서관을 배회하며 몇 권의 책을 고르는 동안, 저도 신간 코너를 살피고 아이가 좋아하는 작가의 읽어보지 않은 책을 찾습니다. 그렇게 열 권 정도의 책을 고릅니다. 그림책이기 때문에 열 권이지 글밥이 많으면 권수는 더 줄고요. 열 권의 책을 한 번씩 읽은 후, 일곱 권의 책을 대출합니다. 일곱 권인 이유는 우리 동네 도서관에서 한 번에 대출 가능한 권수가 한 명당 일곱 권이기 때문인데요. 아이가 도서관에 다니면서 아이 이름으로 도서관 대출 카드를 만들어 사용하고 있습니다. 별것 아닌 듯하지만, 아이는 '내 이름으로 내가 고른 책을 골라 읽는다'라고 생각하며 기쁨을 느낍니다.

그리고 도서관에 따라 어린이 독서 통장을 발급받을 수도 있습니다. 책을 빌린 후 반납하고 독서 통장 정리기에 독서 통장을 넣으면 읽었던 책의 정보가 통장에 표기됩니다. 대출 날짜, 책 제목, 지은이, 주제명 등이요. 독서 통장의 습관적인 사용은 아이에게 즐거움을 넘어 성취감을 가져다줍니다.

저는 때때로 제 책을 대출하기 위해 성인 열람실에 갈 때 아이를 데려갑니다. 성인 열람실은 어린이 열람실과는 달리 조용히 해야 하죠. 책을 읽거나 공부하는 사람도 많고요. 아이는 자연스럽게 '도서관에선 조용히 해야 하는구나!' 혹은 '책을 읽는 사람이 많네. 책은 재밌는 거야'라고 느끼게 됩니다.

아이가 도서관보다 더 좋아하는 읽기 장소는 서점입니다. 아무래도 제가 책방을 운영하니까 아이가 서점을 좋아하리라고 생각하실 텐데요. 아이가 태어나 처음 가본 서점도, 자주 가는 서점도 제가 운영하는 책방이 아닙니다. 스티커북이나 스케치북을 사는 동네 서점이 있고, 한글·숫자 놀이책을 사는 또 다른 동네 서점도 있습니다. 백화점이나 쇼핑센터에 가도 입점해 있는 중대형 서점은 꼭 들릅니다. 물론 아이가 대형 서점 내에 진열된 장난감에 마음을 뺏기는 경우도 생깁니다. 장난감도 사고 싶어 해 당황스러운 상황이 연출되기도 하고요. 하지만 불편한 상황이 생길지 모른다는 염려로 아이에게 서점 방문의 경험을 빼앗고 싶지는 않았습니다.

그렇게 동네 여기저기에 있는 서점을 다니다 보니 여행지에 가서도 작은 독립 서점에 가거나 헌책방에 아이가 먼저 들어갑니다. 테마파크나 관광지에 가도 책이 보이는 공간에 가서 책을 구경하고 고르게 되었고요. 아이가 서점을 좋아하는 이유는 사실 단순합니다. 자신이 고른 책을 살 수 있기 때문입니다. 그렇게 서점을 들락날락한 아이는 낯선 동네에서 서점을 만나면 "와, 책방이다"라며 먼저 반가워합니다.

아이와 동네 서점에 간 어느 날이었습니다.

"엄마, 엄마 읽을 책도 내가 골라줄게."

아이가 저에게 말하더군요.

"엄마가 어떤 책 좋아하는 줄 알아?"

"응, 알아. 글씨 많은 책. 글씨만 많아도 재밌어?"

아이의 눈엔 그림은 없고 글씨만 있는 책이 낯설면서도 신기했나 봅니다.

"응. 재밌는 책은 재밌고 재미없는 건 엄마도 재미없어."

"맞아. 나도 재미없는 책 있어. 우리 오늘 재밌는 책 한 권씩 고르자."

아이는 신이 나서 자신의 책을 고르고 엄마가 책을 고를 땐 졸졸 따라다니며 훈수를 둡니다. '표지 색깔이 이상하다', '너무 두껍다', '재미없을 것 같다'라면서요.

"엄마, 이 책 재밌을 것 같아. 초록색 표지가 마음에 들어."

아이가 고른 책을 저도 좋다고 맞장구치니 아이는 뿌듯해했습니다.

도서관과 서점을 정기적으로 방문하면 어린이의 호기심을 자극하고 책 선택에 대한 독립성 발달에 도움이 됩니다. 학령기에 접어들어서도 지연스럽게 도서관과 서점에 드나들게 되고요. 여기에 경험의 중요성이 있습니다. 아이는 생활의 맥락 속에서 모든 걸 배웁니다. 유아의 언어, 인지, 정서, 사회성 모두 그 맥락 안에서 시작합니다. 아이는 도서관과 서점에서 책 읽는 사람, 책을 고르는 사람, 책에 관해 이야기 나누는 사람, 때론 공부하는 사람, 토론하는 사람을 보게 됩니다. 이러한 경험을 통해 아이들은 책에 대해서만 배우는 것이 아니라, 일상생활의 일부로서 독서의 가치에 대해서도 배웁니다. 아이들은 책이 놀이이자 학습, 다른 사람과의 연결, 세상을 탐험하기 위한 도구라는 것을 이해하기 시작하며, 독서에 대한 태도를 형성하고 나아가 자신이 속한 세계를 배웁니다.

# 어린이와 함께 가면 좋은 도서관

집에서 가까운 동네 도서관에도 어린이 열람실은 모두 있습니다. 하지만 보다 특별한 경험을 원한다면 읽기와 공간적 체험까지 가능한 도서관을 추천합니다. 소개하는 공간은 서울권 내 도서관입니다.

## 구산동도서관마을

수직 공간을 하나의 마을처럼 만든 도서관으로 만화 서가 및 어린이 체험 전시 등 다양한 볼거리가 있는 도서관

**주소** 서울특별시 은평구 연서로13길 29-23

**홈페이지** www.gsvlib.or.kr

## 서울도서관

도서관 실내 계단에 앉아 책을 보는 경험도 좋지만, 도서관 앞 광장에서 열리는 여러 책 행사에도 참여할 수 있는 도서관

**주소** 서울특별시 중구 세종대로 110

**홈페이지** lib.seoul.go.kr

## 서울특별시교육청 어린이도서관

국내 최초의 어린이도서관으로 놀이터와 마당도 있어 어린이들과 소풍처럼 찾기 좋은 도서관

**주소** 서울특별시 종로구 사직로 9길 7

**홈페이지** childlib.sen.go.kr


## 아차산 숲속도서관

아차산 어울림 광장과 서울 둘레길 아차산 코스 인근에 있는 세련되고 개방적 분위기의 자연 속 도서관

**주소** 서울특별시 광진구 영화사로 139

**홈페이지** www.gwangjinlib.seoul.kr/achasan/index.do


## 의정부 미술도서관

미술과 예술 분야에 특화된 도서관으로 관련 분야의 다양한 서적과 체험이 있는 미술도서관

**주소** 경기도 의정부시 민락로 248

**홈페이지** www.uilib.go.kr/art/index.do


## 청운 문학도서관

전통 기와지붕, 목조 구조, 한지 창호 등 전통 한옥 요소들이 고스란히 살아 있으며, 인근의 윤동주 문학관 등을 함께 찾을 수 있는 문학도서관

**주소** 서울특별시 종로구 자하문로36길 40

**홈페이지** lib.jongno.go.kr//index.php

# 좋아하는 것으로
# 확장하기

    나의 아이는 공룡 덕후입니다. 30개월이 되며 공룡 덕후가 되었습니다. 공룡 덕후의 시작은 과학관의 자연사실이었습니다. 책을 통해 공룡의 존재를 어슴푸레 알았던 아이는 전시실에 들어서자마자 공룡과 사랑에 빠지고 말았죠. 약육강식으로 이루어진 자연 세계에 대한 본능이었을지, 사라진 것에 대한 호기심이었을지 모르겠습니다.

    아이는 유치원에 입학해서도 온통 공룡에 몰두했습니다. 공룡 팬티, 공룡 물병, 공룡 스티커, 공룡 비눗방울을 썼고, 공룡 책을 읽고 공룡으로 알파벳을 익혔습니다. 공룡 도안을 색칠하고 공룡 스티커를 붙이고 세상의 모든 공룡 그림과 사물을 사랑했죠. 덕분에 저는 전국의 공룡 박물관과 전시관을 모두 다녔고, 국내에 출간된 모든 공룡 그림책을 찾아 읽었고, 지금은 어느 그림 작가보다 공룡을 잘 그리는 엄마 작가가 되었습니다.

"공룡이 왜 좋아'?"

"그냥 좋아."

"생김새가 좋아, 커서 좋아, 신기해서 좋아, 뭐가 좋아?"

"다 좋아. 공룡은 인간 시대에 없어. 공룡 시대에 엄청 많았는데 다 멸종했대."

어느새 아이는 엄마에게 공룡 이름을 알려주고 공룡에 관한 정보나 이야기를 설명하기 시작했죠.

처음엔 공룡에 관한 정보를 수집했습니다. 아이는 유아가 읽거나 볼 수 있는 한글과 영어로 된 모든 공룡 책을 읽었어요. 한글을 읽지 못하던 때도 도서관과 서점의 그 수많은 책 중 공룡 책을 골라냈습니다. 처음 읽은 한글도 자신의 이름이 아니라 '공룡'이란 글자였습니다. 공룡의 모양과 특징과 이름이 실린 공룡 도감을 매일 봤죠. 공룡 이름을 외우고 또 외웠어요. 그림이 달라져도 중요한 특징 몇 가지만으로 공룡 이름을 척척 맞추는 게 너무 신기했습니다.

도감 몇 개를 통째로 외우고 나니 본격적인 공룡 책 읽기가 시작되었어요. 스미스소니언 박물관에서 출간한 '앗, 공룡이 나타났어요!', 생활 동화로 만들어진 '공룡 유치원', 만남과 이별을 알게 하는 '고 녀석 맛있겠다' 시리즈를 읽었습니다. 시리즈 몇 개를 읽고 나니 공룡이 등장하는 단행본 그림책을 찾더라고요. 일회성 정보 습득을 넘어 공룡이 등장하는 재밌는 스토리 책, 이를테면 『내 안에 공룡이 있어요!』, 『공룡 입양하기』, 『옆집에 공룡이 산다』와 같은 책을 골라 읽었고 창작과 사실을 구별해내기 시작했습니다.

공룡으로 시작한 책 읽기는 용과 몬스터, 악어나 파충류가 등장하는 책으로 이어졌고, 지진, 화석, 화산, 소행성, 우주 주제로 뻗어나갔습니다. 공룡 화석이 발견된 곳을 궁금해하며 미국, 오스트레일리아, 캐나다 등의 국가를 알았고, 고생대·중생대·신생대와 중생대 내 트라이아스기·쥐라기·백악기를 거쳐 포유류 시대로 건너오는 수억 년의 시간을 상상하기 시작했습니다. 가끔은 혼자 스토리텔링을 해 스케치북에 연대표를 그리며 고생대부터 지금의 시대까지 설명했어요. 그리고 공룡 화석이 발견된 국가 이름을 알고 미국, 프랑스, 영국, 중국, 일본 등의 현재 소식도 궁금해했습니다.

"엄마, 공룡 닮았지? 이것도 파충류야. 공룡도 파충류고."

공룡과 닮은 악어, 도마뱀에도 관심을 가졌고, 자연의 세계와 생물의 진화에 관심을 가졌습니다.

아이는 매일 "한 권만 더, 한 권만 더" 하며 책을 읽다가 잠들었어요. 급기야 아이에게 "책 좀 그만 읽어"라고 말하는 날도 생겼죠. "엄마 목 아파. 책 그만 읽자"라고 말하니 아이는 "나 한글

배울래. 책 엄청 많이 다 읽고 싶어"라며 당장 한글을 배우겠다고 선언하기에 이르렀습니다. 다음 날 한글 공부 책을 꼭 사 오라고 당부하며 유치원에 간 아이는, 유치원이 끝나자마자 한글 공부를 하겠다며 책상에 앉았고요. 그뿐만이 아닙니다. 공룡을 세기 위해 숫자를 익히고 공룡으로 놀이하기 위해 색칠 놀이나 미술 활동을 했습니다. 학습하기에 앞서 스스로 궁금해하기 시작한 거죠.

아이가 좋아하는 것에 몰입하면 스스로 배우려고 합니다. 좋아하는 것에 대한 몰입을 통해 배움 자체를 즐기게 되는 거죠. 억지로 시키는 것보다 스스로 선택한 걸 할 때 더 적극적으로 배우게 됩니다. 이는 어린이나 어른이나 마찬가지죠. 이렇게 자기가 주도하는 경험을 많이 하면 나중에도 스스로 목표를 세우고 실행하는 사람이 될 가능성이 커집니다.

미국 심리학자 미하이 칙센트미하이(Mihaly Csikszentmihalyi)는 "최상의 배움은 몰입 상태에서 발생한다"라고 했습니다. 사람들은 몰입할 때 가장 행복을 느낀다고도 했고요. '몰입(flow)'은 어떤 활동에 깊이 빠져들어 시간 가는 줄 모르고 집중하는 상태인데요. 몰입은 아이들이 좋아하는 활동을 하며 스스로 목표를 정하고 달성하는 경험할 때 나타납니다. 너무 쉬우면 지루하고 너무 어려우면 포기하지만, 연령대나 개인 능력에 맞는 적당한 난이도의 과제에 도전할 때 아이들은 몰입하게 되죠. 능력과 목표에 대한 도전이 균형을 이루어야 하는 겁니다.

몰입 상태가 된 아이는 내적 동기가 강화됩니다. 어떤 보상을 받기 위해서가 아니라 그 자체로 즐거워서 활동하게 되는데요. 이는 장기적으로 자기 주도적 학습 태도를 키우는 데도 영향을 미칠 수 있습니다. 자기 표현력과 자존감도 높아집니다. 자신이 좋아하는 걸 마음껏 해보면서 '나는 이런 걸 잘할 수 있구나!', '나는 이런 걸 좋아하는구나!', '나는 이런 걸 재밌어 하는구나!' 하는 경험을 쌓으면서 자존감도 높아지는 것이죠.

아이가 좋아하는 것이 있다면 마음껏 좋아하게 해주세요. 몰입의 경험을 통해 아이는 어떤 일이든 꾸준히 해내는 힘을 기르고, 새로운 것에 도전하는 태도를 보이게 될 겁니다.

# 반복 읽기의 힘

"엄마 나 혼자 책 읽을래."

한글을 떼지 못했을 때 나의 아이는 가끔 혼자 그림책을 읽었습니다. 자신의 방이든 책상이든 침대든 자리를 잡고 앉아 양손으로 책을 잡고 읽었어요. 처음엔 아이가 저도 모르는 새 한글을 깨친 줄 알았습니다. 하지만 이미 여러 번 엄마 아빠가 읽어준 내용을 들은 아이는 책의 그림을 보고 이야기를 기억해 말하거나 상상해 읽는 것이었습니다. 책을 읽는 시늉을 하는 것이었죠.

아이가 자주 읽었던 이시무라 지에(石村智惠)의『수박 밭에서』를 꺼내든 날이었습니다.

"내가 읽어줄게. 자, 여기 앉아봐."

"검고 귀여운 아이들이 수박 밭에서 씨앗을 심고 있었어요.

한 씨앗이 엄청 커다래요. 물도 주고 햇빛도 받고 새싹이 났어요. 아침이 되자마자 수박이 열렸어요. 한 수박이 엄청 커다래요. 굴러가다가 찌억 쩍. 아이들이 재밌게 수박을 먹고 있어요."

"오, 그런 내용이야?"

"응, 더 읽어줄게. 수박 수영장이 되고 미끄럼틀이 되고 시소를 만들고 그네를 만들었어요. 아이들이 수박을 많이 먹어서 수박 터널도 만들어졌어요. 아이들이 수박을 몽땅 먹으며 즐겁게 놀았어요. 끝."

"나 잘 읽지?"

"너무 잘 읽는데? 엄마가 읽는 것보다 더 재밌게 읽네."

아이는 책 읽는 시늉을 하며 책 내용을 기억해 읽어내곤 무척 뿌듯한 얼굴로 저를 바라보았습니다. 처음에 아이는 토씨 하나 빼지 않고 똑같이 읽으려 했어요. 생각나지 않는 장면은 문장을 엇비슷하게 만들거나, 떠오르지 않으면 저에게 도움을 청했습니다. 하지만 점차 문장이 생각나지 않으면 이야기의 맥락은 유지하되 다른 단어를 선택해 이야기를 짓기 시작했어요.

어린이도 어른도 책 편식이 고민인 사람이 많습니다. 골고루 읽지 않아 고민이라는 이야길 자주 듣거든요. 실제로 한 권의 책을 100번 넘게 읽어달라는 아이가 많습니다. 아이의 책장에 100권의 책이 꽂혀 있어도 한두 권의 책만 너덜너덜한 건 낯선 일이 아닙니다. 이는 이상한 일도 아니고 걱정해야 할 일도 아닙니다. 나의 아이도 마찬가지입니다. 전 다양하게 읽기를 권장하는 대신 아이가 좋아하는 책을 꽂을 수 있는 '베스트 책 서가'를 만들어줬습니다. 그 책꽂이에 꽂힌 책은 족히 수십 번씩 읽히거나 읽은 책들입니다. 전 아이가 한 권의 책을 반복적으로 읽을 때 같은 이야기를 반복해 함께 읽어야 하는 저의 지겨움을 제외하곤 고민이 깊지 않았습니다. 책을 읽는 경험이 가장 중요하다고 믿었기 때문입니다.

자녀에게 책을 골고루 읽히기 위해 전집을 1번부터 순서대로 읽게 하는 양육자도 있고, 옹알이를 겨우 하는 영아에게도 독서 구독 서비스를 시키며 책 읽기 선생님을 부르는 양육자도 있습니다. 다양한 분야와 주제의 책을 읽으면 물론 좋겠죠. 생각이 편협해지지 않고 정보도 얻고 학습에도 도움이 될 것입니다. 하지만 이건 학습기에 도달한 초등학교 고학년부터 해당합니다. 문학과 비문학은 글의 목적과 성격도 다르고 비문학 안에서도 경제, 과학, 사회, 인문, 신문 기사 등 갈래마다 더욱 다르니까요. 하지만 초등학교 저학년까진 반복 읽기가 문해력과 글쓰기는 물론, 논리적 사고력에도 도움이 된다는 게 전문가들의 설명입니다. 반복 읽기(repeated reading)는 1979년 S. 제이 사무엘스(S. Jay Samuels)*에 의해 제안되었는데요. 이 방법이 유창성을 높이고 독해력·철자력·어휘력 향상에 기여할 뿐만 아니라, 인지적 자원을 해방해 논리적 사고 능력을 증진한다고 다수 연구에서 확인되었습니다.

그렇다면 왜 아이에게 반복 읽기가 좋은지 더 구체적으로 살펴볼까요? 먼저 책을 반복해서 읽으면 보지 못했던 정보를 보거나 생각하게 됩니다. 대부분의 양육자는 글씨를 따라 읽기 바쁩니다. 아이가 잠깐 딴짓을 하거나 이야기를 따라가지 못하고 딴소리를 하면 다시 글로 끌고 오기 일쑤죠. 아이는 그림을 보고 싶어도 양육자의 목소리와 속도에 맞출 수밖에 없습니다. 그런데 반복해 읽다 보면 양육자도 아이도 보지 못했던 것을 보게 됩니다. 주인공뿐 아니라 주변 인물과 배경, 소품까지 발견하게 되죠. 양육자와 아이가 책으로 대화할 때도 읽은 횟수만큼 다른 이야기를 하게 됩니다. 이렇게 되면 복잡한 이야기나 개념도 아이 스스로 이해하게 되죠. 긴 글을 읽는다고 정보가 많은 글을 읽는다고 생각이 깊어지지 않습니다.

두 번째로 반복 읽기를 하면 자연스럽게 어휘를 습득하고 이야기 구조를 익히게 됩니다. 영유아 시기엔 가장 도움이 되는 효과입니다. 한글을 처음 배울 때 낱말 카드를 가장 많이 이용하곤 합니다. 나비 그림과 '나비'라는 글자를 같이 보며 습득하는 방식이죠. 가지, 나비, 다람쥐, 라디오, 마술, 바다, 사자 등의 단어를 이런 식으로 익힙니다. 그런데 마술이란 개념을 잘 모르는 아이에게 '마술'이 적힌 낱말 카드를 보여주며 어떻게 설명해야 할까요? 물론 이미지로 '마술'이란 단어를 학습할 순 있을 겁니다. 한편, 책은 낱말을 맥락으로 습득하게 합니다. '마술'이란 단어의 뜻을 모르는 아이도 꽉 막힌 모자에서 비둘기가 나오고 빨간색 종이가 노란색 종이로 바뀌는 그림을 보고 이야기를 따라가며 '마술'이란 낱말의 의미를 상상하게 됩니다. 상황과 맥락을 자연스럽게 익히는 거죠. 과연 '마술'이란 단어를 읽는 게 중요할까요, 마술이 '무엇인지' 알고 '생각'하는 게 중요할까요? 이미 초등학교에 입학해 혼자 읽기가 필요한 상황이 아니라면 조금 천천히 글자를 익혀도 괜찮습니다.

세 번째로 반복 읽기를 하면 글쓰기 실력이 향상됩니다. 아니, 글을 쓰지 않는데 글쓰기 실력이 향상된다니 무슨 말일까요? 반복 읽기는 무의식적으로 그 이야기를 외우게 합니다. 나의 아이가 그림책을 외워 읽었던 것처럼 말이죠. 일단 내용을 외우고 나면 아이는 이야기 구조를 바탕으로 자유자재로 변형합니다. 이는 글자 쓰기가 아니라, 이야기 쓰기인 거죠.

베르너 홀츠바르트(Werner Holzwarth)의 『누가 내 머리에 똥 쌌어?』를 읽을 때였습니다.

"에그, 이게 뭐야! 누가 내 머리에 똥 쌌어?"

"내 똥은 이렇게 생겼는걸."

이 장면을 아이는 단어를 바꾸어 이야기를 꾸며냈습니다.

"에그, 이게 뭐야! 누가 내 머리에 방구 쌌어!"

"내 방구는 이렇게 무지개 방구인걸."

놀이를 통해 이야기 짓기 연습을 하는 것이죠. 실제 작가들도 반복 읽기로 글쓰기 연습을 합니다. 하나의 책을 반복해 읽으며 자신에게 도움이 되는 문장을 발췌하고, 필사하고, 같은 구조로 다른 이야기로 써보고, 등장인물을 바꾸고, 결말을 다르게 써봅니다. 최근엔 초등학생이 필사 강의를 듣기도 하는데요. 이 역시 어휘를 익히고 문장 구조를 자연스럽게 습득하는 등 동일한 맥락입니다.

마지막으로 반복 읽기는 지금의 학습에도, 미래의 학습에도 도움이 됩니다. 영유아기를 거쳐 초등학교에 입학하면 수많은 시험이 아이 앞에 놓입니다. 시험을 위한 학습과 삶을 위한 교육이 이제 집중적으로 시작되는데요. 이때 한 번 읽고 일정 기간 이후 다시 읽는 반복 읽기를 통해 이해하지 못했던 내용이나 구조, 의미, 어휘 등을 알아챌 수 있습니다. 이미 반복 읽기를 통한 학습 효과 향상에 관한 연구는 언어 분야를 중심으로 여러 연구가 진행되었습니다. 한 사례로 1989년 미국수학교사협의회(NCTM)에서는 수학적 의사소통으로 말하기, 듣기, 쓰기, 읽기 네 가지 유형을 하나의 규준으로 제시하고 있어요. 대개 수학 학습은 듣기(교수자의 설명)와 쓰기(학습자의 문제 풀이)만 이루어질 것이라고 생각합니다. 그러나 수학 문제를 푸는 수학 학습에만 머무르는 게 아니라 논리적 사고의 바탕이 되는 수학적 의사소통 능력을 배양하려면 듣기, 쓰기는 물론이고 말하기와 읽기가 함께 이루어져야 합니다. 여기서 일반적인 텍스트와는 다른 수학 텍스트의 특성을 생각해야 하는데요. 수학적 의사소통 능력을 갖추려면 영유아 때부터 온갖 수학 놀이 교실을 다니는 것보다 수학적 사고가 가능한 책을 반복해 읽는 게 어쩌면 수학적 사고를 키우는 데 더 도움이 될 수 있습니다.

단언컨대 영유아 때 책을 꾸준히 읽은 아이는 초등학교에 들어가 일기 쓰기나 글짓기를 덜 어려워합니다. 초등학교 때 책을 꾸준히 읽은 아이는 중학교에 올라가서도 글쓰기를 두려워하지 않습니다. 실제로 어떤 어린이는 놀라울 만큼 이야기를 쏟아냅니다.

초등학교 글쓰기 수업 시간이었습니다. '나의 꿈' 발표 시간이었어요. 당시 3학년이던 A는 자신의 꿈을 "저는 언젠가 사람들에게 질문을 던지는 철학자가 되고 싶어요. 세상을 다르게 보게 만드는 질문을요"라고 하더군요. A는 여섯 살 때부터 어린이 철학 동화를 제일 좋아했다고 합니다. 글쓰기 주제도 자신이 읽은 그림책 속 철학적 질문이었던 '나는 왜 나인가?'로 잡았고요. 또다른 학생인 B의 지금 꿈은 고고학자나 우주인이라고 했습니다. B는 네 살 때부터 온갖 과학 그림책과 백과사전을 매일 봤다고 했어요. 밤마다 지구와 환경에 관한 이야기를 조잘거렸고요. 3학년이 된 후 첫 글쓰기 시간이었어요. '변화하는 날씨'에 관해 글쓰기를 했습니다. B는 물방울이 구름이 되고 비가 되어 다시 강으로 돌아오는 과정을 증발, 응결, 강수와 같은 정확한 용어를 사용해 글을 완성했습니다. 요즘 어린이들은 대체로 아이돌이나 유튜

버가 꿈이라는 통계를 보았는데 모두 그런 건 아니었습니다. 그렇다고 이 어린이들이 특별한 경우도 아닙니다. 이 아이들이 보여준 결과는 이미 수백 개의 이야기를 자신도 모르게 체득한 후에 나타난 일이기 때문입니다.

지금까지의 내용이 골고루 책을 읽는 아이에게 반복 읽기를 강요하라는 말은 아닙니다. 유독 반복해 읽는 아이를 염려하지 않아도 된다는 뜻입니다. 아이가 100번은 읽었을 책을 또 가져와도 "와, 좋아하는 책 가져왔네"라고 말해주세요. 아이는 우리가 보지 못한 무언가를 그 책에서 봤을 겁니다. 아이를 그 책으로 이끈 것이 무엇인지 함께 찾아봐주세요.

★   S. Jay Samuels, The Method of Repeated Readings, The Reading Teacher Vol.32, No.4, 1979.

PART
05

# 쓰기

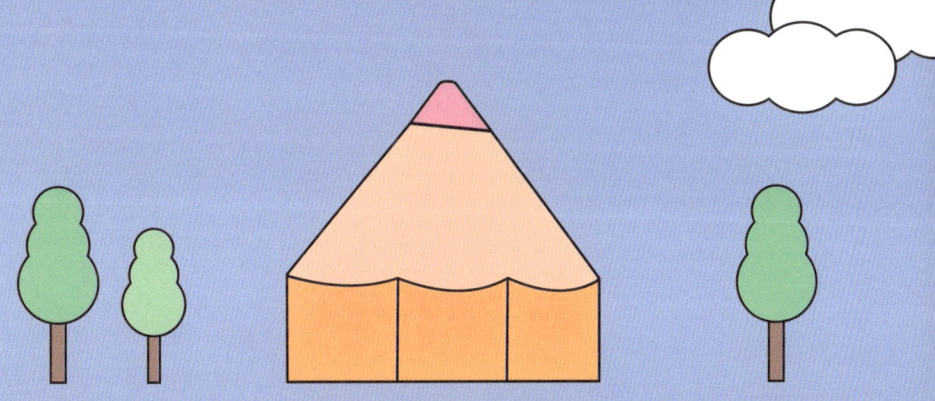

어린이의 말글 생활이 완성되는
언어활동의 꽃

쓰기란 내 생각을 글자로 피워내는 마법과도 같습니다.

말로 표현하던 마음속 이야기를 눈에 보이는 형태로 가다듬어 정리할 때,

그림으로 표현하던 이미지를 더 구체적인 언어로 표현할 때,

비로소 '나만의 목소리'가 탄생합니다.

어린이에게 쓰기는 단순한 글자 쓰기 연습이 아닙니다.

자기 생각에 거름을 주어 스스로 사고를 구조화하고 감정을 다듬는 활동이죠.

쓰기는 어린이의 세계를 확장하고 상상력을 꽃피우는 핵심 활동입니다.

이번 장에서는 그리기와 말하기, 읽기와 연계된 쓰기 활동을 안내합니다.

# 이름 글자 쓰기부터 시작되는 한글 쓰기

4세가 되면서 보통의 유아들은 자신의 이름 글자를 쓰려고 시도하거나 씁니다. 가장 많이 듣는 말이 자기 이름이고 자신의 물건마다 붙은 이름표를 보며 이름 글자가 가장 친숙한 글자가 됩니다. 자기 이름은 타인과 자신을 구별하고 나를 사회에 표현하는 최초의 방법이기도 합니다.

이름 글자를 쓰는 시기는 아이마다 다릅니다. 저의 아이는 만 4세가 딱 넘어서면서 이름 글자를 쓰려고 시도했습니다. 유치원 친구 누구는 이름을 읽고 누구는 이름을 쓴다는 이야기를 들었지만, 아이가 스스로 시도하기 전까지 채근하지 않았습니다.

"엄마, 잘 봐. 내 이름이야."

아이는 종이에 자기 이름을 썼습니다. 처음엔 알아보기 힘들었어요. 선 긋기 식의 낙서와 같았습니다. 이후엔 점이나 동그라미, 세모, 네모와 같이 도형이 등장하곤 했습니다. 대체로 동그라미나 타원형이 겹친 형태였죠. 아마 이름에 'ㅇ'이 들어가기 때문일 겁니다. 또 얼마가 지나니 이름 글자의 자모음과는 무관한 글자와 유사한 모양을 썼습니다.

한 달 한 달 지나며 아이는 차츰 자음을 습득했습니다. 자음을 모두 읽을 줄 알았고, 자음 중 'ㄱ, ㄴ, ㄷ, ㅁ, ㅇ'을 먼저 썼습니다. 획수가 적은 자음, 도형과 모양이 같은 자음이었죠. 이후 자기 이름에 든 'ㅈ'도 쓰는 순서는 틀리지만 쓰기 시작했습니다. 조금씩 아이의 이름 글자가 보이기 시작했죠.

그러다 54개월 때였어요. 종이 한 장으로 책을 만든 날이었습니다.

"엄마, 책 표지엔 이름 써야 해. 여기가 표지야."

아이는 표지를 가리키더니 자기 이름 글자를 쓰더군요. 자음과 모음을 쓰는 순서나 획수는 틀리고 비율도 조금 삐뚤었지만 이름이 읽혔습니다. 그때까지 단 한 번도 "우리 이름 써보자", "이건 네 이름이야"라며 아이의 이름 글자를 알려준 적이 없었기에 놀랐어요. 아이도 자신의 이름을 쓰곤 무척 뿌듯해했습니다.

이후로 전 가끔 아이에게 이름을 써보라고 했습니다. "여기 이름 써봐"가 아니라 "여기 종이책에 작가 이름이 없네"라든가 "스케치북 잃어버리면 어떻게 해. 이름 써두자"와 같이요. 쓰기

능력을 알아보기 위해서라기보다 아이가 자기 이름을 쓰는 게 너무 신기했거든요. 이후 한 달가량은 이름 세 글자 중 마지막 글자 자음을 종종 바꿔 쓰곤 했습니다. 56개월이 지나면서 아이는 여전히 순서나 획수, 비율은 다소 부족하지만 이름 글자를 어엿하게 쓰기 시작했어요. 57개월엔 선생님의 이름과 친한 친구들의 이름을 쓰고 싶어 했습니다. 한 사람의 이름 글자를 구성하는 자모음을 쓰기, 즉 이름 글자 쓰기의 단계는 쓰기 능력 발달과는 관계가 없다고 합니다. 획수나 단계의 어려움보다 친숙도가 더 중요하게 작용하기 때문이죠.

아이가 이름 글자를 쓰자 다음으로는 어떤 한글 글자를 쓸지 궁금했어요. 아이는 좋아하는 것들을 먼저 따라 쓰더라고요. 공룡 이름들, 좋아하는 책의 제목, 좋아하는 장난감의 이름 같은 것들요. 이름 글자를 쓴 후에도 다른 글자를 따라 쓰는 건 어려워했습니다. 이미 쓰인 글자 위에 바로 따라 쓰는 건 곧잘 했지만요.

다른 글자도 이름 글자를 써나가던 단계와 비슷하게 발달해 갔습니다. 선과 같은 낙서, 특정 모양의 반복된 겹침, 도형과 자모음의 섞임, 단어와 비슷해진 글자 등의 특징이 보였습니다. 그리고 단어의 한두 글자만 틀리고 이외에는 같게 따라 썼죠. 아이는 자음 중 'ㄹ'을 쓰는 걸 어려워했고 'ㄷ'이나 'ㄱ'의 좌우를 거꾸로 쓰기도 했어요. 모음은 'ㅏ'나 'ㅓ'를 쓰는 것보다 'ㅖ'나 'ㅠ'를 쓰는 걸 어려워했습니다. 자모음을 대략 읽을 줄 알 때도 이중자음은 읽거나 쓰지 못했고요. 그러고 나서 한두 달이 지나자 "이거 어떻게 써?"라고 묻고 쓰기를 시도했습니다.

"지읒 아래에 오를 쓰고 또 아래에 히읗을 써. 그러면 '좋'이야."

"히읗은 어떻게 써?"

"이응이 모자를 썼어."

"아, 치읓처럼? 치읓도 지읒이 모자 썼잖아."

모음과 자음의 위치나 생김새를 설명해주면 곧잘 따라 쓰게 되었고, 친숙한 글자는 바로바로 쓰기 시작했습니다.

한글 쓰기 활동은 언제 하면 좋을지 고민하는 양육자가 많을 겁니다. 기관에서는 이름 쓰기를 비롯해 간단한 한글 쓰기 활동을 5세부터 하지만, 본격적인 한글 공부는 7세가 되어서 하는데요. 그래도 누구네 집 아이는 이미 한글을 읽고 쓴다는 말 때문에 '내 아이만 늦는 걸까?' 고민하게 되죠. 그래서 3세부터 매일 학습지를 하는 아이도 있고, 별도로 유통되는 학습지를 구매해 양육자가 교육하기도 합니다.

쓰기는 읽기와 연결되어야 합니다. 읽기 활동으로 호기심이 증폭되어 아이가 쓰기에도 관심을 가질 때, 손가락 소근육이 어느 정도 발달해 연필을 잡을 수 있고 글자 쓰기에 흥미를 느꼈을 때, 천천히 시작해보세요. 시기를 놓쳐서는 안 되지만 서두를 필요도 없습니다. 의사소통 도구인 문자를 읽고 쓰려는 것은 어쩌면 본능적인 일인지도 모릅니다.

대부분의 한글 공부 학습지는 자음, 모음, 받침이 없는 단어에서 시작해 받침이 있는 쉬운 단어를 배우고, 이중모음과 이중자음 등을 배운 뒤 받침이 있는 어려운 단어로 나아갑니다. 한글 조합 원리를 알고 나면 단어와 그에 맞는 그림으로 통낱말을 배우죠. 체계적인 과정입니다. 그런데 체계적인 학습이 맞는 아이도 있지만, 싫다고 한글 공부를 안 하려는 아이도 있어요. 그렇다면 단계별 학습을 강행하기보다 아이가 좋아하는 것들 위주로 익혀도 괜찮습니다. 좋아하는 과자나 아이스크림 이름 등처럼 말이죠. 자기 이름처럼 일상생활에서 자주 듣거나 말하는 단어면 더 좋고요.

본격적인 글자 쓰기 단계에 들어서도 처음엔 아이가 연필을 바르게 잡기 어렵습니다. 6, 7세는 연필을 바르게 잡고 쓸 수 있는 시기가 아닙니다. 아이가 연필을 주먹 쥐기를 해도 괜찮아요. 조금 바른 연필 잡기를 따라 하면 점보 연필을 사용해도 좋아요. 점보 연필은 보통 연필의 2배에서 3배 굵기인 것도 있고, 손가락 홈이 파인 것도 있습니다. 연필 교정기는 초등학교 입학 후 사용해도 충분해요. 손가락 소근육이 발달하면서 아이는 더 정교하게 글자를 쓰게 되는데요. 이때쯤이면 맞춤법에도 맞게 쓰고 글자의 크기와 비율도 적당해집니다.

아이가 처음으로 이름 글자를 쓰면 칭찬해주세요. 글자가 삐

만 5세, 한글과 알파벳 쓰기

뚤어도 비율이 맞지 않아도 읽기 힘들어도 괜찮습니다. '처음' 써
보려 도전했다는 점을 칭찬해주세요. 나의 아이가 자주 하는 말이
있습니다.

"1등 하는 건 안 중요해, 시작하는 게 중요해. 도전하는 게 중
요해."

아이가 자음과 모음을 알고 난 뒤엔
좋아하는 단어를 썼어요.
한글도 알파벳도 숫자도 "나 다 쓸
줄 알아" 자랑하고 싶어 했어요.

# 읽기가 계속되면
## 독후 활동지 쓰기

아이는 매주 금요일 유치원 도서실에서 책을 한 권 빌려옵니다. 오롯이 혼자 책을 골라 오는데요. 가끔은 정말 평소 관심을 두지 않던 주제의 책을 빌려옵니다. 그렇다 보니 읽지 않고 월요일에 반납하는 책도 꽤 있습니다. 하지만 유치원에 매주 월요일마다 제출하는 독후 활동지 '나는 책을 좋아해요'를 시작하고서는 독후 활동을 위해 빌려온 책을 읽어내기도 합니다.

'나는 책을 좋아해요'는 아이들의 책 읽기 생활을 독려하고 읽은 책을 기록하기 위해 유치원에서 만든 원생 자율 프로그램입니다. 읽은 날짜, 요일, 책 제목, 지은이, 출판사를 적고, 장마다 다른 활동이 주어집니다. 대체로 색칠하기, 그리기, 붙이기, 생각 말하기로 나뉩니다. 아직 글씨를 쓰지 못하는 아이들은 색종이나 스티커를 붙이는 활동, 글씨를 따라 써보는 활동, 표지나 주인공을 그려보는 활동을 합니다. 아이가 한 말을 양육자가 받아 적어주는 활동도 있습니다.

책을 즐겨 보는 아이는 '나는 책을 좋아해요' 프로그램 덕분에 독후 활동 루틴까지 더해졌습니다. 독후 활동이라 부르지만 책놀이에 가깝고, 읽은 책을 모두 독후 활동지로 남기지는 않습니다. 아이가 기록으로 남기고 싶어 하는 책 중심으로 하고, 매일 한 장 정도를 합니다.

"엄마, 선생님이 도장 찍어줬어!"

독후 활동 루틴이 만들어진 매주 월요일마다 선생님이 찍어주는 '참 잘했어요' 도장을 좋아한 덕분입니다. 그리고 읽는 책과 독후 활동을 할 책을 나누기 시작한 건 독후 활동지 한 권을 끝내고 '책을 좋아하는 어린이에게 이 상을 줍니다'라고 적힌 첫 번째 독서상을 받은 후였습니다. 친구, 형, 누나 앞에서 독서상을 받은 경험을 뿌듯해했죠.

성인이든 어린이든 독후 활동엔 발문이 중요하다고 말합니다. 발문은 책의 개요와 중요 내용을 적어보는 활동입니다. 이는 크게 네 가지로 구분하고 있어요. 첫 번째는 인지적 발문입니다. 책의 내용을 기억해서 대답하는 일입니다. 책을 읽고 나면 책 내용을 정확히 기억해야 한다고 생각하는 사람이 많습니다. 그래서 많은 양육자가 책을 읽은 아이에게 "무슨 내용이야?"라고 자꾸 묻습니다. 누가 무슨 옷을 입었는지 무슨 말을 했는지 어떤 상황인지 기억하길 바라는 거죠. 두 번째는 수렴적 발문입니다. "무슨 이야기인 것 같아?"와 같은 질문입니다. 수렴적 발문을 학습과 가장 연결된 부분이라 생각하는 사람이 많습니다. 인지적 발문을 바탕으로 책이 말하고자 하는 주제나 메시지, 판단을 구별하길 바라는 것입니다. 보이지 않는 내용을 발견하길 바라는 마음이죠. 세 번째는 확장적 발문입니다. 이는 읽은 이의 상상력과 창의력을 요구합니다. 제가 아이와 책을 읽고 대화를 나눌 때 가장 중요하게 생각하는 것이 이 확장적 발문입니다. 책의 내용과 좀 다르게 기억하더라도 메시지를 판단하지 못하더라도 아이가 이 책을 토대로 무언가를 생각해보는 것이 중요합니다. 네 번째는 비판적 발문입니다. 본인의 의견과 주장을 말하는 것이죠. 가치 판단을 하고 자기만의 선택을 하는 질문입니다. 가장 어려운 활동이죠. 도서관이나 서점에서 진행하는 독서 모임에선 대체로 비판적 발문을 토대로 토론을 합니다. 이때 성인도 논리적으로 자신의 의견을 주장하기 어렵습니다.

하지만 이처럼 아이에게 체계적인 발문을 통한 독후 활동을 고집할 필요는 없습니다. 내용을 요약하고 주제를 찾는 것만이 독후 활동은 아닙니다. 아이가 책을 좋아하는 것, 책을 매일 접하게 하는 활동이 가장 중요합니다. 답을 찾는 질문이나 활동보다 아이가 상상하고 즐거워하는 활동이 좋습니다. 최근 들어 태블릿으로 책을 읽고 독후 활동을 하는 교육 서비스가 많아졌습니다. 태블릿을 사용한 책 콘텐츠 경험과 독후 활동은 종이책을 통한 경험과 독후 활동을 우선시한 후 보조적인 도구로 활용해야 합니다. 전자기기를 활용해 일주일에 몇 권, 몇십 분 진도를 나갔다고 해서 책 경험을 했다고 보긴 어렵습니다.

아이가 5세가 되던 해 독후 활동을 제공하는 여러 유명 교육 서비스를 체험해보았습니다. 체험해보고 나서 책 읽기 활동은 종이책을 더욱 고집하게 되었어요. 교육 서비스로 만들어진 독후 활동은 답이 명확히 정해져 있습니다. 손가락 위치가 조금만 틀려도 '삐-' 하고 소리가 납니다. 그리고 제시되는 활동도 단순합니다. 책 읽기조차 상호작용이 안 되는데 독후 활동에서 상호작용이 나타나지는 않겠죠. 그렇다면 어린이와 함께하는 독후 활동을 어떻게 하면 좋을까요?

첫 번째는 좋아하는 활동을 마음껏 하도록 해줍니다. 나의 아이는 독후 활동을 시작한 후 단계별 성장을 보였습니다. 처음에는 좋아하는 색깔을 칠했습니다. 색연필을 주먹 쥐기로 잡고 칠했고, 삐죽빼죽 선이 삐져나왔죠. 선을 벗어나도 괜찮습니다. 예쁘게 칠하지 않아도 괜찮습니다. 같은 색만 사용해도 괜찮습니다. 몇십 장이고 똑같이 칠해도 괜찮습니다. 다음에는 온통 공룡 스티커를 붙이거나 공룡을 그렸습니다. '책 속 주인공과 놀이터에서 무엇을 하며 놀고 싶은가요?'라는 활동 질문에도 공룡을 붙이거나 그렸고, '책 속 주인공에게 주고 싶은 크리스마스 선물은?'이라는 질문에도 공룡을 붙이거나 그렸습니다. 질문과 관계없이 온통 공룡이었죠. 그러다 색종이로 멋진 공룡을 만들어 붙인 날, 제가 깜짝 놀라며 "너무 멋지다! 액자에 걸어두어야겠어"라고 말하니 다음 날부터 얼마간은 모든 걸 색종이를 오려 만들었어요. 고민 없이 종이를 싹둑 잘라 구름, 비, 얼굴, 시소를 만들고, 장난감을 만들어 이야기를 꾸며냈습니다. 그러던 어느 날부턴가 반복해 읽은 책의 내용을 순서대로 말하고, 요약하고, 캐릭터를 흉내 냈습니다. 일상생활을 하면서도 책 속 이야기를 떠올리며 말했습니다. 계속 같은 활동만 반복하는 것을 염려해 다양한 활동을 하게 하지 말고 아이가 좋아하는 것을 마음껏 하게 두어도 괜찮습니다.

두 번째는 몸을 움직이는 활동과 연결해보세요. 책 속에 손바닥에 물감을 칠하고 목욕탕 벽에 그림을 그리는 장면이 등장했습니다. 아이는 자신도 그렇게 하고 싶다고 손바닥 물감을 갖고 싶다고 말했죠. 당장 우리는 동네 문구점으로 향했습니다. 손바닥에 바르는 튜브형 물감은 구하지 못했지만, 수용성이라 물로도 쉽게 지워지는 스틱형 물감을 색색이 샀습니다. 아이는 집에 오자마자 욕실에 들어갔어요. 그러곤 한참 동안 욕실 벽을 캔버스 삼아 무지개를 그리고 손바닥을 찍고 돌고래를 그렸습니다. 또 다른 날에는 계절 책을 보고 대화를 나누며 몸을 움직여 보았습니다. 예를 들면, 봄엔 『틈만 나면』이나 『벚꽃 팝콘』을 보고 난 후 산책하며 풀과 꽃에 관해 이야기를 나누었습니다. 겨울엔 눈이 온 날 눈사람을 만들고 들어와 『눈아이』나 『눈이 오는 소리』를 본 후 눈에 관한 이야기를 했죠. 『발레리나 토끼』를 본 후엔 발레 동작을 따라 해보고 『무궁화꽃이 피었습니다』를 보곤 '무궁화꽃이 피었습니다' 놀이를 했고요.

세 번째는 함께 읽고 함께 쓰고 함께 그리세요. 사실 아이의 모든 성장에 필요한 한 가지는 '함께'일지 모릅니다. 가장 어려운 일이죠. 엄마 아빠가 함께 책을 읽는 모습을 보여줄 뿐만 아니라 함께 대화를 나눠주세요. 다음은 아이가 51개월 때 팝업북 『동물원』을 보고 난 후 '나는 책을 좋아해요'에 적은 독후 활동 대화 내용입니다.

**아이** 동물들이 동물원에 갇혔네.

**나** 동물들이 왜 갇혔어?

**아이** 사람들이 잡아서 동물원에 있어.

**나** 사람들이 왜 동물을 잡았을까?

**아이** 사람들이 동물 보려고 잡았지.

**나** 동물원에 갇힌 동물들 보니까 어떤 기분이 들어?

**아이** 슬퍼. 이 책 슬픈 책이네.

**나** 슬퍼?

**아이** 동물들이 갇혀 있어서. 놀지도 못 하고 여행도 못 가고. 엄마 아빠는 동물원에 같이 있어?

**나**  글쎄. 같이 있는 동물도 있고 혼자 있는 동물도 있어. 동물들한테 뭐 해주고 싶어?

**아이**  동물들한테 맛있는 먹이 주고 싶어. 힘내라고.


전 책 내용을 설명해주기보다는 아이에게 질문을 던지고 질문의 답을 함께 생각하려고 합니다. 아이가 책을 읽으며 정리한 내용과 느끼는 감정, 상상하는 숨은 이야기를 함께 이야기 나누어 보세요.

독후 활동지는 빈 노트에 자유로이 써도 좋고, 책 제목, 저자, 출판사, 읽은 날, 느낀 점 등이 적힌 간결한 형식을 반복적으로 복사해서 써도 됩니다. 또는 그림책이나 어린이책 전문 출판사에서 무료 독후 활동지도 제공하는 경우가 많으니 이를 활용해도 좋고요.

매일 한 장, 아이는 자신이 본 책을 기록하며 매일 자라는 자신도 기록할 겁니다. 꾸준히 책을 읽고 독후 활동을 해나가다 보면, 인지적·수렴적·확장적·비판적 발문을 할 줄 아는 것은 물론, 점차 스스로 가치를 판단하고 자신의 주장에 대한 이유를 오롯이 대는 날이 반드시 올 겁니다.

# 그림책으로 독후 활동 하기

그림책을 읽는 일은 이야기를 따라가는 일이 아니라, 어린이와 함께 새로운 세계를 만들어가는 일입니다. 다음의 사례들은 어린이와의 대화와 표현을 돕기 위해 구성되었습니다. 함께 성장하는 독서 시간이 되길 바라면서요. (※ 별표는 활동의 난이도입니다.)

## ★ 색칠하기 및 그림 그리기

**Q 책에 나온 색깔 중 가장 마음에 드는 색은 무엇인가요?**  ★☆☆☆☆
색연필이나 크레파스로 색깔을 칠해보고, 같은 색깔로 이루어진 것을 찾아 그려보세요.

(에릭 칼의 『아주아주 배고픈 애벌레』를 보다가)

**양육자** ○○아, 우리 마음에 드는 색을 골라볼까?

**아이** (초록색 색연필을 집어 들며) 나는 이게 좋아.

**양육자** 애벌레 색이랑 똑같은 색이네! 우리 책 보면서 초록 색깔인 것들을 찾아볼까?

**아이** 애벌레도 초록색, 꽃잎도 초록색이야.

## ★ 그리기

### Q 표지를 따라 그려볼까요?　　　★★★☆☆

아이와 함께 표지에 관해 이야기하면서 그려봅니다. 똑같이 그릴 필요는 없고요. 아이가 무엇에 관심을 가지는지, 무슨 이야기로 추측하는지 살피며 활동해보세요.

(이덕화의 『100개의 달과 아기 공룡』을 보다가)

**양육자**　와, 이 책 표지 너무 예쁘다, 아기 공룡이 왜 이러고 있어?

**아이**　　달 먹나 봐, 사탕 같다.

**양육자**　사탕 맛이 나는 달인가? 우린 뭐로 그려볼까?

**아이**　　달 사탕으로 그릴래!

## ★ 말하기

### Q 가장 관심이 가는 등장 캐릭터는 누구인가요?　★★☆☆☆

등장 캐릭터에 관해 이야기하고, 그중 아이가 누구에게 가장 관심을 보이는지 살펴보세요. 표정이 재밌어서, 말하는 게 웃겨서, 친구랑 비슷해서 등 아이가 특정 캐릭터에 감정이입을 하는 이유가 있을 겁니다.

(실비아 반덴 히데의 『우리 집은 동물원에 있어요』를 보다가)

**양육자**　기린도 나오고 곰도 나오고, 어떤 동물이 마음에 들어?

**아이**　　북극곰! 우리 집도 동물원에 있으면 좋겠다!

**양육자**　왜 북극곰이 마음에 들어?

**아이**　　어, 북극곰이 아이스크림 만들어주잖아. 나도 북극곰이 만들어주는 아이스크림 먹고 싶다.

**Q 책 속 인물처럼 연기해볼까요?** ★★★☆☆

그림책 속 등장 캐릭터처럼 역할을 나눠 연극처럼 표현해보세요. 혼자 여러 명의 역할을 해도 좋고 친구나 엄마 아빠와 역할을 나누어도 좋습니다.

(진수경의 『악어가 온다』를 보다가)

**양육자** ○○아, 우리 집에 악어가 오면 어떡하지? 으앙, 난 악어다!

**아이** 난 악어 안 무서워! 악어야, 우리 목욕할래? 숨바꼭질할래?

**양육자** 숨바꼭질하자! 꼭꼭 숨어라 머리카락 보일라. 찾는다!

**아이** 악어야, 나 찾아봐라. 숨는다!

**Q 과학 그림책 또는 정보성 그림책을 함께 읽고 퀴즈를 만들고 함께 풀어볼까요?** ★★★★☆

아이들은 퀴즈를 풀고 맞히는 것을 즐거워합니다. 책의 내용을 직접적으로 확인하려고 하지 말고 퀴즈로 게임처럼 재밌게 이야기해보세요.

(필립 번팅의 『빅뱅이 뭐예요?』를 읽고)

**양육자** 우주는 어떻게 만들어졌을까?

**아이** 빅뱅으로 만들어졌어.

**양육자** 지구는 어떻게 만들어졌어?

**아이** 지구는 우주의 먼지가 쌓이고 뭉쳐져서 만들어졌어.

⭐ 쓰기

**Q 책 속에서 마음에 드는 단어를 찾아볼까요?** ★★★☆☆

아직 한글 쓰기가 어려운 아이라면 제목을 따라 써보거나, 반복해 등장하는 단어를 따라 써보게 해주세요. 책을 펼쳐놓고 따라 써도 좋고, 양육자가 연필로 써준 후 그 위에 아이가 따라 써봐도 좋습니다.

(로버트 배리의 『커다란 크리스마스트리가 있었는데』를 보다가)

**양육자** ○○아, 어떤 단어가 젤 좋아?

**아이** 크리스마스! 크리스마스엔 선물 받잖아.

**양육자** 크리스마스, 말도 예쁘다. 오! 받침이 없네. 한번 써볼까?

**아이** 나 써볼래! 크리스마스 선물까지. 나도 선물받고 싶으니까!

## ★ 그리기 및 쓰기

**Q 책 속의 중요한 장면이나 혹은 내가 상상한 장면을 덧붙여 책을 만들어볼까요?** ★★★★☆

한두 장만 장면을 그려 넣어도 좋고, 종이 한 장으로 한 권의 책을 만들어도 좋고, 팝업북처럼 만들어 붙여도 좋습니다.

(피터 맬로니의 『브론토가 고기를 먹었어요』를 보다가)

**양육자** ○○아, 브론토가 고기를 먹네.

**아이** 브론토사우루스는 초식 공룡인데 고기 먹어. 고기가 맛있나?

**양육자** 브론토가 왜 고기를 먹을까?

**아이** 음, 건강해지려고? 운동회에서 1등 하고 싶은가 봐.

**양육자** 오! 공룡 운동회 한대? 공룡 운동회는 어떻게 할까? 상상해보자.

**Q 책을 보고 가족과 함께 책에 관한 이야기를 나누어볼까요?** ★★★★☆

양육자가 질문하고 아이가 대답해도 좋고, 아이가 질문하고 양육자가 대답해도 좋습니다. 대화하듯 '양육자-아이-양육자-아이' 순서로 이야기를 주고받는 게 중요합니다. 그리고 대화 내용을 적어보세요.

(미야니시 타쓰야의 『우와! 신기한 사탕이다』를 보다가)

**양육자**  사탕 가게에 무슨 사탕이 있어?

**아이**  노란색 사탕은 천하장사가 되는 사탕이야. 흰색 사탕은 몸이 커지는 사탕.

**양육자**  ○○이는 무슨 사탕을 먹고 싶어?

**아이**  무지개 사탕.

**양육자**  무지개 사탕은 어떤 신기한 능력이 있어?

**아이**  엄마를 사랑하는 능력!

**양육자**  엄마는 무슨 능력의 사탕을 먹으면 좋겠어?

**아이**  검은 사탕! 우주에 갔다가도 다시 ○○이에게 돌아오는 사탕이야.

**Q 내가 이 그림책의 작가라면 어떨까요?** ★★★★★

책 속 이야기의 결말을 바꾸어도 좋고, 등장 캐릭터를 추가하거나 변경해도 좋습니다. 이야기를 바꾸어 말해보세요.

(모 윌렘스의 『비둘기에게 버스 운전은 맡기지 마세요!』를 보다가)

**양육자**  비둘기에게 버스 운전을 맡기면 안 된대!

**아이**  우리 비둘기에게 맡겨보자!

**양육자**  그럴까? 비둘기가 할까?

**아이**  응, 비둘기 버스 운전 잘할 수 있어. 집에서 매일 연습했대! 가짜 버스로!

**양육자**  오, 그래?

**아이**  이제 운전 잘해.

**양육자**  한번 그 장면을 이야기해 보자.

# 매일 낙서 노트 쓰기

전 매일 밤 아이와 오늘 무엇이 좋았는지, 즐거웠는지, 슬펐는지 혹은 기억나는지 이야기를 나눕니다. 그런데 안타깝게도 다음 날이면 몽땅 잊어버리죠. 순간을 사진으로 기록하는 일도 한계가 있습니다. 보이지 않는 것은 사진엔 담기지 않으니까요.

그렇다면 아이와 하루를 기록하는 방법은 무엇이 있을까요? 일기나 그림일기를 쓰기 전에 아이와 하면 좋은 활동이 있습니다. 일기 쓰기나 글쓰기에 두려움을 갖지 않게 하는 방법인데요. 바로 낙서 노트 쓰기입니다. 낙서는 그림 그리기나 글쓰기로 이어집니다. 낙서가 그리기 욕구로 연결되고 그리기는 글쓰기 욕구의 밑바탕이 됩니다.

낙서는 잘 그리지 않아도 됩니다. 삐뚤어도 됩니다. 마구 그

려도 됩니다. 정해진 틀이 없으니까요. '잘 그려야 해!'라는 부담
도 없습니다. 점을 찍고 선을 긋고 동그라미를 여러 개 그리고 마
음대로 색칠하면 됩니다. 아이는 자신의 감정을 표현하고 본 것을
그리고 싶은 대로 그리게 됩니다. 놀이터를 모두 그리지 않아도
되고, 초록색 미끄럼틀의 미끄러져 내려오는 비스듬한 부분만 큼
지막하게 그려도 괜찮습니다.

    나의 아이는 4, 5세 땐 너무 좋았던 시간을 그려서 간직하려
고 했습니다. 어떤 순간이 너무 좋으면 "엄마, 사진 찍어줘. 이따
그릴 거야"라고 말했죠. 현장에서 그릴 수는 없으니 사진을 찍어
집에 가서 천천히 사진을 보고 그렸습니다. 눈(시각)은 인간의 신
체 기관 중 가장 지배적인 감각기관이므로 사진이 가장 정확한 기
록을 하는 매체라고 생각할 수 있지만, 아이는 자신이 경험한 운
동 감각이나 감정적 상태도 중요하게 여겼습니다. 아이는 사진과
최대한 똑같이 그리되 자신이 원하는 무언가를 표현하려고 했죠.
이를테면, 초록색 미끄럼틀이 사진에서는 보이지 않지만, 저 뒤에
있었으니 더 크고 확실하게 그리려고 했어요.

    그래서 저는 작은 노트를 한 권 마련해 오늘 기억나는 것, 느
꼈던 감정을 낙서로 남기게 했습니다. 낙서 노트에서 중요한 건
낙서로 매일 기록하는 것이 중요합니다. 그림으로 그리지 못했던
오늘 불렀던 동요, 먹었던 음식, 친구의 표정, 오늘의 날씨를 낙서
로 남기게 했습니다. 어떤 모양이든 상관없는 무의식적인 자유 낙

서를 하기도 하고, 형태나 장면을 그리는 장면 낙서, 모양이나 선을 반복해 그리는 패턴 낙서, 감정이나 기분을 색으로 나타내는 색깔 낙서, 색종이나 오늘 얻은 무언가를 붙이는 콜라주 낙서를 했습니다. 콜라주 낙서 재료는 대체로 특별한 활동을 한 날 얻은 티켓이나 종이류가 많았습니다. 기억하고 싶은 걸 모으는 노트라는 걸 아이도 아는 거죠.

　매일은 못 해도 가끔 일기를 쓰듯 낙서하면, 아이가 보낸 하루의 일부가 기록됩니다. 일주일에 한 번은 아이와 함께 앉아 낙서 노트를 들여다보며 "그땐 이런 생각을 했구나?", "이날은 우리가 이런 일을 했네" 하고 기억을 떠올려보아도 좋습니다. 아이가 부모에게 말하지 못했던 상황, 생각, 기분, 감정을 말할 수 있고, 양육자는 내 아이가 어떤지 더 깊이 관찰할 수 있습니다. 어떻게 보면 뒤에서 이야기할 그림일기의 전 단계라고도 볼 수 있겠네요.

　낙서 노트가 그림일기와 가장 다른 점은 바로 감정적 표현이 더 큰 활동이라는 겁니다. 심리학 연구에 따르면 낙서는 스트레스 완화와 심리적 안정 효과를 가져온다고 합니다. 아이라고 스트레스가 없지 않겠죠. 기관 생활, 교우 관계, 학습과 놀이 등 긴장했던 하루의 끝에서 낙서 노트를 채우는 시간은 치유하는 시간이 될 수 있습니다. 실제로 의학계에서는 주의력결핍 과잉행동장애(ADHD)를 가졌거나 외상 후 스트레스 장애(PTSD)를 겪는 사

초록초록해지는 나무들의
모습을 보고

'스피노'라는 이름
을 가진 공룡이 무
지개 마을로 떠난
이야기를 상상하며

워터파크 수영장에 다녀온 날
미끄럼틀을 생각하며

좋아하는 캐릭터 인형을
산 날

람들의 심리 치료 과정에서 낙서를 활용합니다. 반복적으로 사용하는 색깔이나 형태를 보고 심리 상태를 추측하기도 합니다. 낙서 노트는 어떤 이야기나 장면이 없어도 됩니다. 점 몇 개를 찍어도 되고 선을 하나만 그려도 되는 활동이니까요. 어쩌면 낙서 노트는 아이의 예술 활동의 시작이 될지도 모릅니다. 미국 화가 장 미셸 바스키아(Jean Michel Basquiat)처럼요. 바스키아는 낙서 화가라고도 불리는데요. 그는 낙서 그룹 'SAMO(Same Old Shit)'를 조직하기도 했죠. 이처럼 낙서는 단순한 장난이 아니기도 합니다.

태블릿 PC나 디지털 기기로도 아이들이 낙서나 드로잉을 할 수 있는 앱이나 프로그램이 있습니다. 저도 놀이로 하거나, 디지털 그림을 그리기 위한 도구로 디지털 기기를 사용하는 것은 효과적이라고 생각합니다. 하지만 일기를 쓰듯 시간을 모으는 활동을 하고자 한다면 종이 노트를 사용할 것을 권하고 싶습니다. 오늘 낙서할 종이를 펴려면 일주일 전, 그제, 어제 그린 낙서를 지나와야 하는 수고로움을 경험하도록요. 그 수고로움은 불편함이 아닙니다. 아이는 스르륵 빠르게 노트 페이지를 넘기는 중에도 지난 낙서를 얼핏 보게 됩니다. 어느 날은 특정한 장에서 멈추기도 하고요. 종이 노트는 알게 모르게 아이에게 겹겹이 쌓이는 시간을 보여줄 겁니다. 한 장 한 장 채워가는 노트를 보며 성취감도 느끼게 될 테고요. 한 장씩 노트를 채우다 보면, 아이의 성장 기록이 되고, 이야기책이 될 겁니다. 지나온 시간과 경험으로 아이는 자랍니다. 우리 모두가 셀 수 없는 시간과 기억나지 않는 경험들로 자랐던 것처럼요.

하지만 단 5분, 10분이라도 매일 한 가지 활동을 꾸준히 하기란 어렵습니다. 정기적으로 하는 활동은 시간을 정해놓고 하는 것이 방법인데요. 기관이나 학교에 다녀온 후나 잠들기 전, 또는 밥 먹기 전 등 일정한 시간에 하는 습관이 형성되어야 합니다. 그리고 빠른 습관 형성을 위해 양육자가 함께하면 더 즐겁고 특별한 시간이 될 겁니다. 한 권의 노트를 왼쪽, 오른쪽으로 나누어 아이와 양육자가 같이 써도 좋고요. 커플 노트를 마련해도 좋습니다. 대화도 나누면서요.

"오늘은 어떤 낙서를 해볼까?"

낙서를 시작하기 전에 질문을 던져도 좋습니다.

"이 낙서는 무슨 의미야?"

아이의 낙서를 보면서 질문해도 좋고요.

"엄마는 오늘 파란색 기분이었어."

양육자의 낙서를 아이에게 설명해줘도 좋습니다.

"오늘 밤엔 노트에 이거 그릴 거야."

그러면 어느 날 아이는 기억은 소중하고, 기록하면 오래 기억할 수 있다는 사실을 알게 될 겁니다.

"나는 오늘도 즐거운 일이 많았어."

온통 기쁜 일만 있을 순 없지만, 즐거운 일은 언제나 있다는 사실도 알게 될 거고요.

"잘 그리지 못해도 돼. 좀 틀려도 돼. 매일 하는 게 중요해."

어쩌면 아이는 삶에 숨어 있는 답들을 스스로 찾게 될지도 모릅니다.

학령기에 접어든 어린이는 해야 할 것이 더 많아집니다. 제대로 일기도 써야 할 테고 숙제와 공부도 하고 놀기도 해야 하죠. 하지만 전 가능하다면 모든 것 중 이 낙서 노트를 가장 오래 함께하고 싶습니다.

# 언어적 경험을 위한
## 그림일기 쓰기

초등학교 저학년 글쓰기 수업 시간이었습니다.

"오늘은 내가 사는 동네에 관해 글쓰기를 할 텐데요. 무엇을 쓸지 함께 이야기를 먼저 나눌 거예요."

아이들은 놀이터, 동네 고양이, 학교 운동장, 자전거를 타고 한강에 가던 길 등 무엇을 쓸지 즐겁게 말했습니다. 쓰고 싶은 게 너무 많아서 문제였죠. 간단히 단어 게임도 하고 새로운 단어도 배우고 동시도 읽으며 글쓰기 준비를 했습니다.

"자, 그럼 이제 글쓰기를 해볼까요?"

글쓰기 수업이 시작되고 빈 종이를 나누어 주자, 아이들은 금세 조용해졌습니다. 아이들은 빈칸을 글로만 채운다는 것을 무척 두려워하더군요. 즐겁게 재잘대던 아이들은 모두 사라졌습니다.

"종이의 위부터 반 정도 큰 네모를 그려보세요."

"다 그렸어요!"

"네모 안에 그림으로 이야기를 쓰고, 네모 밖에 글씨로 쓸 거예요."

"와!"

"그림일기를 쓸 거예요. 그림과 글이 같은 내용이어도 되고, 달라도 되고, 서로 연결되어도 되고요."

"저 그림일기 써봤어요!"

아이들은 그제야 표정이 밝아졌습니다.

방학 숙제로 일기 쓰기가 빠지지 않던 시절이 있었습니다. 지금은 일기 쓰기가 필수 숙제가 아니더라고요. 학기 중에 일기 쓰기 숙제가 있는 학교라고 해도 학생들에게 자유롭게 일과나 기억하고 싶은 일을 쓰게 하는 곳은 드물었습니다. 선생님이 명확하게 주제를 정해주는 일기 쓰기 숙제도 많고요. 예를 들면, '오늘 먹은 음식에 관해 써보세요'라든가 '지난주에 읽은 책을 소개해주세요' 혹은 '엄마 아빠와 함께한 일 중 기억에 남는 일은 무엇인가요?' 등의 질문을 던지고 그에 관해 쓰게 하더라고요. 무엇을 쓸지 어려워하는 초등학교 저학년생에게는 좋은 방법 같습니다.

그날 우리는 '장소'를 중심으로 그림일기를 썼습니다. 놀이터, 목욕탕, 동물원, 놀이동산, 공원, 수영장, 캠핑장, 산책길 등요. 문장으로 된 질문보다 글감을 발견할 울타리를 더 넓게 쳐주면서도 구체적인 기억을 떠올릴 수 있게 한 거죠.

엄마랑 아빠랑 동물원에 갔다. 아침에 일어나서 빨리 준비하고 갔는데, 사람들이 많았다. 제일 먼저 코끼리를 봤는데 코가 엄청 길었다. 코로 물을 뿌려서 깜짝 놀랐다. 그다음에는 기린을 봤다. 기린은 목이 하늘까지 닿을 것처럼 길었다. 나도 기린처럼 키가 크면 좋겠다. 원숭이도 봤는데, 나무에서 깡충깡충 뛰어다녔다. 바나나를 던져 주고 싶었다. 마지막으로 사자를 봤는데, 사자가 커다랗게 하품했다. 엄마가 아이스크림도 사줘서 맛있게 먹었다. 다음에도 또 가고 싶다!

한 8세 아이는 이 글을 쓰고 코끼리와 아이스크림 그림을 그렸습니다. 대체로 많은 아이가 일기를 쓰라고 하면 특정 경험을 시간 순서대로 씁니다. 그런데 그림은 그중 가장 기억에 남는 장면을 그리죠. 글쓰기만 할 때도 이런 과정이 반영됩니다. 두 번째 수업 시간에 이를 설명해주고, '도입-전개-결말' 3단계로 나누어 써보자고 하며 다시 일기 쓰기를 했습니다.

어제 수영장에 갔다. 처음에는 물이 차가워서 몸을 바들바들 떨었지만, 조금 지나니까 따뜻해졌다. 내 몸이 물에 둥둥 뜨는 게 신기했다.

구름 위에 누운 것 같았다. 선생님이 '몸에 힘을 빼면 더 잘 뜬다'고 했다. 처음에는 잘 안됐는데, 숨을 크게 쉬고 가만히 있으니까 진짜로 떠올렸다! 물이 나를 안아주었다. 내가 물고기가 된 기분이었다.

어떤가요? 9세 아이가 쓴 일기입니다. 가장 기억하고 싶은 장면을 그리고 감상까지 더해진 그림일기 아닌가요? 수영장 물 위에 뜬 자기 모습을 그렸고, "우리 여기에 제목을 붙여보자"라고 했더니 "물고기가 된 기분"이라고 하더군요. 일기든 짧은 글이든 글을 쓴 후에는 제목을 붙이는 것이 중요합니다. 제목은 글의 주제나 상징적인 메시지를 담아 짧고 간결하게 붙이는 것이 좋습니다.

전 아이와 특별한 날에 그림일기를 씁니다. 아이가 글씨 쓰기가 서툴렀을 때 아이가 말해주면 제가 받아 적고, 아이가 그림을 그렸습니다. 글씨 쓰기에 재미가 붙으면서 한 줄 정도 직접 문장을 썼고요. 아이가 자라 초등학생이 되면 일주일에 한두 번 정도 따로 또 같이 그림일기를 쓰는 게 목표입니다. 왜 글로 쓰는 일기가 아니라 그림일기냐고요? 글씨를 쓰지 못해 혹은 글쓰기가 서툴러 그림일기를 쓰는 게 아닙니다. 많은 사람이 그림일기는 한글이 서투를 때 쓰는 일기라고 생각하는 경향을 보입니다. 하지만 만 5세 유아 310명을 대상으로 한 국내 연구*에 따르면, 그리기 표상 능력은 언어능력, 자아 존중감을 증진하는 데 효과적이라고 합니다. 또 초등학교 1학년 학생 108명을 대상으로 한 국내 연구**에서는 83.3퍼센트가 일기에 그림이 필요하다고 응답했습니다. 50.0퍼센트는 그림이 '글에 쓴 내용을 자세하게 보여주는 역할'을 한다고 응답했고요. 이처럼 그림일기에서는 글과 그림이 상호 연결되어 아이들이 말하고 기록하고 싶은 내용을 보완합니다. 그림일기는 단지 그림을 그리는 활동이 아닙니다. 경험을 기억하며 언어와 그림으로 재구성하는 일입니다.

그림일기 쓰기엔 두 가지 중요한 개념이 있습니다. 하나는 일기이고, 또 하나는 그림으로 쓰기입니다. 먼저 일기란 무엇일까요? 그날그날 겪은 일이나 생각, 느낌, 경험 따위를 적는 개인의 기록입니다. 글로 쓰는 것만이 일기가 아닙니다. 그림을 그려도 되고 사진을 찍어도 되죠. 목소리로 직접 녹음해도 되고요. 일기를 쓰는 방법은 다양합니다. 제가 '쓰기'라고 표현하는 이유는 방법이 어떻든 경험하고 상상하고 생각한 것을 논리적으로 질서화하는 행위이기 때문입니다.

그렇다면 그림으로 쓰기란 무엇일까요? 언어를 표현 방식으로 분류하면 음성 말글과 문자 말글로 나뉩니다. 손의 모양과 위치, 손의 움직임, 손바닥의 방향 등으로 의사소통하는 수어도 언어라고 할 수 있지만, 이번 논의에서는 제하겠습니다. 우리는 매일 음성 말글과 문자 말글을 사용합니다. 끊임없이, 셀 수 없이 사용하죠. 그런데 이외에도 비언어를 함께 혹은 단독으로 사용합니다. 비언어란 시선, 표정, 손동작, 신체적 움직임 등을 말합니다. 가끔은 언어보다 비언어로 더 정확하게 의사소통하는 일도 있죠. 어른도 자주 음성 말글과 문자 말글만으로 도저히 자기 생각과 경험을 표현하지 못하기도 합니다. 따라서 그림으로 쓰기란 그림을 통해 말글로 전하지 못한 것을 표현하는 행위입니다. '나는 바다거북을 보고 너무 놀랐다'라고 쓰는 것과 동그란 눈, 떡 벌어진 입, 두 뺨을 가린 손을 그린 그림 중 어떤 게 더 놀란 느낌을 잘 표현한 것인지 생각해보세요.

행위를 재연하는 그림도 좋지만 다양한 감정이나 분위기 또는 실제 경험에 상상을 더해 그림으로 그릴 수도 있습니다. 글을 쓸 때 우리의 뇌에서는 운동, 추론, 판단, 계획, 문제 해결을 책임지는 전두엽과 단어를 해석하고 언어를 이해하는 두정엽이 활발하게 움직입니다. 쉽게 이야기하면 좌뇌는 언어, 분석, 계산, 논리적 사고를 하고 우뇌는 이미지를 파악하고, 직관, 감각, 회화, 감정, 상상을 담당합니다. 여기에는 몸짓언어의 표현과 이해도 포함됩니다. 이처럼 그림과 짧은 글을 더한 그림일기를 꾸준히 쓰면 좌뇌와 우뇌를 함께 작동시킬 수 있습니다.

아이가 어려 글씨 쓰기가 어렵다면 양육자가 아이가 한 말을 받아 적어줘도 좋습니다. 말하기를 통해 쓰기 활동을 하는 것이죠. 그림도 잘 그릴 필요가 없습니다. 낙서 노트에 그려진 낙서와

| 제목: | | | | | | 놀이터에서 | | | | | | |
|---|---|---|---|---|---|---|---|---|---|---|---|---|
| 놀 | 이 | 터 | 에 | 서 | | 엄 | 마 | 랑 | | 바 | 람 | 을 | | 먹 |
| 었 | 다 | . | | " | 엄 | 마 | , | | 아 | ~ | | 해 | | 봐 |
| ". | | | " | 왜 | ? " | | " | 바 | 람 | | 먹 | 자 | . | " | | " |
| 바 | 람 | | 맛 | 있 | 어 | ? " | | " | 응 | , | | 시 | 원 | 한 |
| 맛 | 이 | 야 | . | | 아 | , | | 배 | 부 | 르 | 다 | " | | 배 |
| 부 | 르 | 게 | | 바 | 람 | 을 | | 먹 | 었 | 다 | . | | | |
| | | | | | | | | | | | | | | |
| | | | | | | | | | | | | | | |

**60개월**

년  월  일  요일    날씨 ☀ ☁ 🌧 ☁

**제목:**            사탕 받는 핼러윈

| 핼 | 러 | 윈 |   | 날 | 이 | 다 | . |   | 핼 | 러 | 윈 |   | 날 | 은 |
|---|---|---|---|---|---|---|---|---|---|---|---|---|---|---|
| 사 | 탕 |   | 받 | 는 |   | 날 | 이 | 다 | . |   | 핼 | 러 | 윈 |   |
| 날 |   | 집 | 에 |   | 호 | 박 |   | 귀 | 신 | 이 |   | 있 | 으 | 면 |
| 몬 | 스 | 터 |   | 하 | 우 | 스 | 가 |   | 된 | 다 | . |   | 난 |   |
| 호 | 박 |   | 귀 | 신 | 이 |   | 무 | 섭 | 지 |   | 않 | 다 | . |   |
| 진 | 짜 |   | 마 | 녀 | 도 |   | 몬 | 스 | 터 | 도 |   | 무 | 섭 | 지 |
| 않 | 다 | . |   | 왜 | 냐 | 하 | 면 | , |   | 난 |   | 용 | 감 | 하 |
| 니 | 까 | . |   |   |   |   |   |   |   |   |   |   |   |   |

**65개월**

별반 다르지 않아도 좋아요. 난화기 때처럼 형체를 알아볼 수 없게 겹쳐진 동그라미 몇 개여도 좋고요. 그림일기 쓰기는 아이가 다양한 언어적 경험을 하도록 기회를 제공하는 활동이니까요.

어릴 때부터 엄마 혹은 아빠와 함께 그날그날의 한 장면을 떠올리며 기록하고, 그 기록을 아이가 자라 청소년기에 보게 된다면 어떨까요? 이와 더불어 훗날 아이의 언어가 성장하는 과정, 아이가 자라는 과정을 기록한 엄청난 결과물이 될 겁니다.

★ 지성애, 「유아의 그리기표상능력과 공간지각력, 언어능력 및 또래상호작용 질과의 관계」, 한국열린유아교육학회, 『열린유아교육연구』 Vol.12 No.4, 2007.
★★ 이현진, 「초등학교 1학년 그림일기에서 글과 그림의 관계에 대한 인식과 복합양식 문식성 양상 분석」, 서울교육대학교 초등교육연구원, 『한국초등교육』 Vol.34 No.4, 2023.

# 그림일기 쓰기 주제 및 분류

★ **일상 속 경험 일기**

오늘 가장 재미있었던 일 혹은 기억나는 일
가족 혹은 친구와 함께한 특별한 순간
내가 좋아하는 장소 소개하기
우리 집 반려동물 또는 반려식물 이야기
내 방 소개하기
내 취미 생활
처음 먹어본 음식

★ **계절 일기**

봄, 여름, 가을, 겨울에만 할 수 있는 일
비 오는 날, 나는 이렇게 놀아요!
여름·겨울 방학 최고의 하루
가을 산책을 하며 떠오른 생각
첫눈이 내린 날

## ★ 감정 일기, 상상 일기

나는 오늘 기분이 좋아요!
슬플 때 나는 이렇게 위로받아요
만약 내가 슈퍼 영웅이라면?
내가 여행하고 싶은 곳은?
나는 과학자가 될 거야!
미래의 나는 어떤 모습일까?

## ★ 특별한 날 일기

오늘은 내 생일
운동회에서 있었던 일
어린이날에 하고 싶은 일
추석·설날에 한 특별한 경험
소풍을 가서 있었던 일
크리스마스에 받고 싶은 선물

## ★ 책·영화·미술·놀이 일기

내가 가장 좋아하는 책 이야기
영화를 보고 느낀 점
수영 배우는 날
내가 좋아하는 놀이
종이비행기 날리기

# 마음을 주고받는 편지 쓰기

제가 학창 시절을 보낼 때만 해도 편지는 일상적인 글쓰기였습니다. 친구의 생일날 생일 카드를 썼고, 자신의 생일엔 생일파티 초대장을 썼습니다. 스승의 날엔 선생님께 감사 편지를 쓰고, 마음 맞는 단짝 친구와는 교환 일기라고 이름을 붙인 일기장에 교환 편지도 썼죠. 매년 연말엔 '군인 아저씨께'로 시작하는 위문편지도 썼습니다. 이후로 1990년대에 접어들어 가정마다 PC통신을 사용했을 때도, 2007년 아이폰이 처음으로 출시됐을 때도 편지가 완전히 사라지진 않았습니다. 그러나 모든 사람이 스마트폰을 사용하고 온라인 메신저가 일상화한 단계를 넘어 상호 즉각적으로 반응하는 수준에 이르면서 편지는커녕 이메일조차 보통의 관계에선 사용하지 않게 되었죠.

편지를 낭만적인 매체로만 생각할 수 있는데요. 편지 쓰기는 어린이에게도 성인에게도 여러 효능이 있습니다. 먼저 정서적 효능감을 불러일으킵니다. 말로 하기 어려운 마음도 글로 적으면 더 쉽게 표현할 수 있습니다. 속상하거나 기쁜 일을 글로 쓰고 전달하면서 감정을 전달할 수도 있고요. 타인과 따뜻한 교감을 나눌 수도 있습니다. 특히 자신이 쓴 편지를 받은 사람이 기뻐하는 모습을 보면 아이가 무척 행복해합니다.

또한, 사회적 효능, 즉 공감과 소통 능력이 향상됩니다. 부모님, 친구, 선생님에게 편지를 통해 고마운 마음을 전하면서 감사와 배려의 마음이 커집니다. 상대방의 기분을 생각하며 편지를 쓰다 보면 공감 능력이 자라게 됩니다. 내 마음과 다른 사람의 마음을 이해하는 능력도 생기죠. 편지를 주고받는 과정에서 자연스럽게 인간관계도 배우고 소통 능력이 좋아져 사회성을 키울 수도 있습니다. 편지 쓰기는 다른 글쓰기와 달리 혼자 쓰는 게 아니라 편지를 받는 사람과 같이 쓰는 글쓰기이니까요.

아이가 저에게 처음 편지를 건넨 날을 기억합니다.

"엄마, 선물 있어."

"무슨 선물?"

"내가 엄마한테 편지 썼어."

"정말?"

아직 한글을 쓰지 못하는 아이가 저에게 편지를 썼다며 수줍게 웃어 보였습니다.

"여기."

어른 손바닥 두 개보다 조금 더 큰 종이에 하트가 그려져 있었죠.

"엄마, 사랑해."

편지를 보는 저를 향해 아이는 사랑을 고백했고요.

"내가 아직 한글 못 써서 대신 하트를 그렸어."

다음 날 아이는 유치원에 가면서 말했습니다.

"내 편지 받았으니까 엄마도 나한테 편지 써야 해."

그로부터 한 달은 하트만 가득한 편지를 받았습니다. 이후엔 '엄마', '사랑해', 자기 이름을 적은 편지를 썼고, 몇 달이 지나자 단어와 단어를 이어 동시처럼 편지를 쓰기 시작했습니다.

편지 쓰기는 정서적 교감을 위한 활동이지만, 사고력과 문해력을 향상하는 인지적 효능도 있습니다. 편지를 쓰다 보면 문장을 만들고 생각을 정리하는 연습이 되어서 글쓰기 실력이 자연스럽게 늡니다. 편지를 쓴다는 것은 상대방에게 전달하고 싶은 이야기가 있다는 뜻입니다. 따라서 편지를 쓰면서 '어떤 순서로 이야기해야 할까?' 고민하는 과정에서 논리적 사고력이 자라납니다. 다양한 단어와 표현으로 자신의 마음을 쓰면서 어휘력도 풍부해지고요.

아이에게 편지를 받고 저도 답장을 썼습니다. 하얀 종이에 커다랗고 빨간 하트를 그리고 다섯 줄 편지를 썼어요. 편지를 받자 아이는 곧바로 말했습니다.

"엄마도 나 사랑하는구나?"

"어? 어떻게 알았어?"

하트 옆에 쓴 '사랑해'를 가리키면서 아이가 대답하더군요.

"여기, 하트 옆에 '사랑해'잖아."

전 깜빡 속을 뻔했습니다. 아이가 '사랑해'라는 글자를 읽은 줄 알았거든요.

"'사랑해' 읽은 거야?"

"아니, 나 못 읽는데? 엄마는 당연히 나 사랑하지. 편지 뭐라고 썼어? 읽어줘."

아이는 신나 하며 읽어주는 편지 내용을 듣더니 쪼르르 종이를 꺼내왔습니다.

"오늘은 선생님한테 편지 쓸래."

"좋아. 뭐라고 쓸 건데?"

"선생님, 놀아줘서 감사합니다. 선생님은 아이들 사랑해. 그래서 맨날 신나게 놀 수 있게 해주는 거야."

다음은 아이가 5세 생일을 두 달 앞두고 선생님께 쓴 편지입니다.

○○○ 선생님께

빨리 유치원에 가고 싶어요.

선생님이 너무 좋아요.

좋아서 편지 써요.

○○○ 드림


편지를 쓰기 전부터 선생님으로부터 받을 답장을 상상하던 아이는 선생님이 "고마워, 뭐라고 썼는지 읽어볼까?" 하며 자기 편지를 읽었다며 기뻐했습니다. 그 후로 어느 날은 유치원 친구에게, 어느 날은 동네 친구에게, 또다시 저에게 편지를 썼습니다.

편지 쓰기는 보통의 날에 해도 됩니다. 특별한 내용이 아니어도 됩니다. 단 세 줄이어도 좋고 다섯 줄이어도 좋습니다. 아이와 함께 앉아 서로에게 편지를 써도 좋고, 아이의 친구나 선생님에게 편지를 써보세요. 편지를 쓰고 주고받는 과정에서 아이는 놀라운 정서적 효능감을 느낄 겁니다.

편지를 쓰기 전엔 약간의 준비가 필요합니다. 편지지도 필요하고 누구에게 왜 쓸지도 생각해야 합니다. 자, 이제 준비가 됐다면 아이와 함께 짧은 세 줄 편지를 써봅시다.

편지는 보통 '시작 – 본문 – 끝인사' 세 부분으로 나뉩니다. 편지의 시작은 인사죠. '안녕?', '안녕하세요?', '잘 지내?'와 같이요. 그리고 전형적인 편지는 이어서 안부를 묻거나 날씨를 이야기합니다. '방학은 잘 보냈지?', '학교는 잘 다니고 있어?' 혹은 '오늘은 비가 오네', '곧 꽃이 필 것 같아'처럼요. 본문은 편지를 쓰는 이유죠. 편지를 받는 이에게 하고 싶은 말을 쓰면 됩니다. '내 생일 파티에 와줄래?', '주말에 함께 영화를 보러 갈래?' 아니면 '보고 싶다', '그냥 편지 쓰고 싶었어'도 괜찮고요. 마지막으로는 끝맺음 인사를 쓰면 됩니다. '건강해!', '행복한 하루 보내!', '곧 만나자!'로 끝맺으면 됩니다. 편지를 다 쓰고 나서는 예쁜 스티커를 붙이거나, 그림을 그려 넣거나, 색연필로 알록달록하게 장식하며 편지지나 봉투를 꾸며보세요.

스마트폰 메신저로 대화하는 시대이다 보니, 편지 쓰기를 잃은 시절이 되었습니다. 하지만 어린 시절부터 가끔이라도 편지를 쓰고 주고받았던 경험은 학령기에 빛을 발할 겁니다. '이거 먹고 학원 가', '학원 갔다 와서 숙제해'나 '엄마, 나 이거 필요해', '나 이따 깨워줘' 같은 일방적인 메모가 아니라 힘든 날, 하고 싶은 말을 하지 못한 날, 고민이 있는 날, 전화나 메시지로 말하긴 힘든 말을 메모나 편지로 써서 자연스럽게 주고받을 수 있는 아이로 자랄 테니까요. 아이의 편지를 기다리지만 말고 오늘은 먼저 아이에게 편지를 써보세요. 분명 잊을 수 없는 답장을 받게 될 겁니다.

## 편지 쓰는 방법

편지는 받는 이가 정해져 있고, 대체로 쓰는 목적이 뚜렷해서 다른 글쓰기에 비해 조금만 연습하면 쓰기 쉽습니다. 쉽게 따라 할 수 있도록 세 문장 편지부터 열 문장 편지까지 문장별 역할을 나누어 보았습니다.

### ★ 세 문장 편지 쓰기(선생님께)

|  | 받는 사람: ○○○ 선생님께 |
| --- | --- |
| 인사하기 | 선생님, 안녕하세요. |
| 하고 싶은 말 쓰기 | 항상 저를 예뻐해주셔서 고맙습니다. |
| 끝인사 | 초등학교에 가도 잊지 않을게요! |

### ★ 다섯 문장 편지 쓰기(친구에게)

|  | 받는 사람: 내 친구 ○○이에게 |
| --- | --- |
| 인사하기 | 안녕! ○○아! |
| 안부 묻기 | 요즘 어떻게 지내? |
| 내 이야기하기 | 나는 요즘 수영을 배우고 있어. |
| 질문 던지기 | ○○이도 수영할 줄 알아? 같이 수영장 갈래? |

| 끝인사 | 다음에 또 편지 쓸게. |
| --- | --- |

## ★ 일곱 문장 편지 쓰기(친구에게)

| | 받는 사람: 사랑하는 ○○이에게 |
| --- | --- |
| **인사하기** | 안녕, ○○아! |
| **안부 묻기** | 요즘 어떻게 지내? 나는 잘 지내고 있어. |
| **내 이야기하기** | 어제 우리 학교에서 소풍을 갔는데, 네가 함께 있었으면 더 재미있었을 것 같아. |
| **경험 나누기** | 우리는 공원에서 맛있는 김밥도 먹고, 놀이기구도 탔어. |
| **제안하기** | 다음에는 너랑 같이 가고 싶어! |
| **약속하기** | 여름방학이 되면 만나서 놀자. |
| **끝인사** | 감기 조심하고, 곧 만나자! |
| | 보내는 사람: △△가 |

## ★ 열 문장 편지 쓰기(엄마에게)

| | 받는 사람: 사랑하는 엄마에게 |
| --- | --- |
| **인사하기** | 엄마, 안녕하세요? |
| **편지를 쓰는 이유 말하기** | 저는 오늘 학교에서 편지 쓰기를 배웠어요. |
| **편지를 쓰는 이유 덧붙이기** | 그래서 제일 먼저 엄마에게 편지를 쓰고 싶었어요! |
| **감사 표현하기** | 매일 저를 돌봐주셔서 고맙습니다. |
| **엄마에게 고마운 순간 떠올리기** | 특히 지난번에 제가 독감으로 힘들어했을 때, 꼭 안아주어서 이겨낼 수 있었어요. |

| 내 이야기하기 | 요즘 저는 학교 도서관에서 새로운 책을 빌려 읽고 있어요. |
|---|---|
| 공유하고 싶은 이야기하기 | 엄마랑 같이 읽으면 더 재미있을 것 같아요! |
| 제안하기 | 이번 주말에 함께 도서관에 갈까요? 가서 도시락도 먹고요. |
| 사랑 표현하기 | 엄마랑 같이 시간을 보내면 행복해요. |
| 끝인사 | 항상 사랑해요, 엄마! |
|  | 보내는 사람: ○○ 올림 |

# 단어 조각으로 짧은 글짓기

"엄마 얼굴은 빨개, 빨가면 수박, 수박은 맛있어, 맛있으면 아이스크림, 아이스크림은 차가워, 차가우면 얼음, 얼음은 딸기 빙수, 딸기는 빨개 ♬."

어린이집이나 유치원 등 기관을 다니기 시작한 어린이는 온갖 동요를 배웁니다. 누리 교과과정에 맞춰 주제에 맞는 동요나 책 놀이 활동을 많이 하는데요. 선생님과 활동을 통해 배운 노래, 놀이 시간에 알게 된 노래, 혹은 친구가 알려준 노래를 며칠 동안 흥얼거리곤 합니다. 그러다 곧잘 노랫말을 바꿔 부르더군요.

"주먹 가위 보 주먹 가위 보, 뭘 만들까 뭘 만들까, 오른손으론 주먹 왼손으론 가위 토끼 토끼, 오른손으론 주먹 왼손도 주먹 소행성 소행성, 오른손으론 보자기 왼손도 보자기 목도리도마뱀

목도리도마뱀 ♬."

　감정적이고 감각적인 영역을 담당하는 뇌 부위인 두정엽, 측
두엽, 후두엽과 변연계의 발달이 만 3세까지 이루어지고 만 7세까
지 뇌가 폭발적으로 성장한다고 합니다. 하지만 이 시기엔 학습과
기억의 과정을 조절하는 전전두피질, 편도체, 해마는 발달해 있지
않습니다. 학령기가 만 7세에 시작하는 건 신체적·정서적·학습
적 능력이 고루 필요하기 때문일 겁니다.

　5, 6세 어린이의 글쓰기는 말놀이에 가깝습니다. 완벽한 문
장이나 잘 구성된 스토리에 관한 것이 아니죠. 표현, 창의성, 그리
고 감정적 발견에 관한 것입니다. 차를 타고 이동할 때, 손을 잡고
산책을 나설 때, 밤에 잠들기 전에, 아이와 말놀이를 해보세요. 말
놀이는 단어 놀이, 문장 놀이, 이야기 짓기 놀이로 발전해갑니다.

　저는 '말놀이-단어 놀이-문장 놀이-이야기 짓기 놀이'로 발
전해가는 과정을 밟아나가며 동요나 동시 쓰기를 포함해 짧은 글
쓰기를 어린이와 함께합니다. 이때 백지상태에서 시작하는 게 아
니라 아이들의 상상력을 건드릴 수 있는 단어 조각을 통해 시작하
는데요. 이 단어 조각 놀이의 아이디어를 떠올리게 된 것은 초등
학생이 쓴 동시집을 만난 덕분입니다. 2024년 3월에 출간된, 초등
학교 저학년인 박지유 어린이가 쓴 동시집 『작가가 되는 기분』에
서 영감을 얻어 만든 활동이죠. 이 책은 생활에 밀착한 예술로서
의 문학을 소개하며 소박하지만 튼튼하고 아름다운 글의 옷을 짓

고자 하는 독립출판사 '시의옷'에서 출간했습니다. 시의옷 편집자는 박지유 어린이의 엄마이기도 한데요. 이 책엔 시 창작 키트를 활용해 지은 시가 수록되어 있고, 출간 후 제가 운영하는 책빙에서 박지유 어린이 작가와 함께 시 창작 키트로 시를 지어보는 활동을 했습니다.

시 창작 키트는 편집자가 쓴 글의 문장에서 가져온 단어들로 이루어졌습니다. 시 창작 키트 활용법은 간단합니다. 준비된 단어 조각을 펼쳐놓고, 무작위로 골라서 배치해도 되고, 단어를 보고 마음에 드는 것을 선택하고 배치해 시를 씁니다. 다만 너무 오래 고민하지는 않는 게 원칙이죠. 문장이 매끄럽게 연결되지 않아도, 자연스럽지 않아도 괜찮습니다. 어른이든 어린이든 다른 장르에 비해 시 창작을 어려워하는데 단어 조각을 활용해 놀이처럼 접근하도록 했습니다.

시 창작 키트를 처음 보고 너무 매력적인 창작 도구라고 생각했습니다. 전 글쓰기에서는 '발견'이 가장 중요하다고 생각하는데요. 내가 평소 사용하지 않는 단어, 낯선 표현, 새로운 수사나 연결이 새로운 글쓰기를 가져오게 했습니다. '서늘한 선인장', '소심한 파도', '수상한 모퉁이', '외투가 산책하다'와 같이요.

아침에 / 한중간 / 수많은 / 산책과 / 찾아갔다 /
외투가 / 고요하게 / 쫓았다 /

가장자리로 / 바람이 / 달려 / 선명하다 /

제가 처음으로 시 창작 키트로 썼던 짧은 글인데요. 백지에 썼다면 저는 '수많은 산책과 찾아갔다', '바람이 달려 선명하다'와 같은 문장은 쓰지 못했을 겁니다. 단어를 새롭게 발견했기 때문에 쓸 수 있는 문장들이었습니다.

이 시 창작 키트를 활용해 어린이 글쓰기 수업을 종종 진행했습니다. 시 창작 키트를 구매해 진행하기도 했고, 새로 단어 조각을 만들어서 하기도 했습니다. 제가 만든 단어 조각은 이름을 붙이지 않은 '단어 조각들'인데요. 시 창작 키트와 다른 점이라면 저작권이 없는 동시, 동요, 동화 속 문장들을 모아 만들었어요.

초등학교 저학년 어린이들과 함께한 글쓰기 수업 시간이었습니다.

"빈 종이가 무서워요."

이번에도 아이들은 역시 백지가 무섭다며 호들갑을 떨더군요. 그때 빈 종이 옆에 단어 조각 주머니를 꺼내놓았습니다.

"여기에서 마음에 드는 단어를 골라서 글쓰기를 할 거예요."

일기 쓰기조차 싫어하는 아이도, 글쓰기를 해본 적 없다는 아이도, 논술학원에 지쳐 글쓰기가 지긋지긋하다는 아이도 단어 조각 주머니를 보면 즐거워합니다. 빨리 마음에 드는 단어를 고르고 싶어 눈이 바빠집니다. 먼저 골랐다고 다투기도 해요.

단어 조각을 통한 글쓰기에서 가장 중요한 건 우연성입니다. 단어를 우연히 발견해 글을 쓰기 시작하는 거죠. 아이들마다 각지 예쁘다고 느끼는 단어가 있는데요. 움직임, 소리, 질감이 포함된 단어를 좋아합니다. 일기처럼 있었던 일, 또는 있을 법한 상황이나 장면을 사실적으로 단어를 조합해 표현하거나, 어른 못지않은 은유나 직유를 통해 멋진 글을 완성하기도 합니다.


다음은 실제 수업 시간에 한 아이가 단어 조각을 모아 쓴 동시입니다.


✳

우리 아버진 / 성냥을 들고 /

길바닥에 / 혼자 앉아 / 불을 / 켜 놓고 /

손에다 들고 / 흩날리자 /

밤은 / 금세 / 끝났다 /


어떤가요? 여기서 밤은 밤(night)일까요? 전 왜 밤의 어둠(dark)이 떠오르며 아버지의 고달픔이 느껴질까요? 또 다른 동시 한 편을 볼게요.

✽

집집의 / 꽃밭에 / 오빠가 / 온다 /

거리에서 / 거리로 / 바람이 / 달린다 /

하얀 꽃송이 / 나뭇가지에 / 보기도 좋네 /

오빠 / 떠올리며 / 집집의 / 불 켜 주리라 /


이 글을 쓴 아이는 오빠가 없습니다. 그냥 '오빠'라는 단어를 제일 먼저 발견하고 썼다고 해요. 아이는 명확히 설명하진 못했지만, '오빠'가 '오빠(brother)'가 아닌 듯합니다. 그러나 누군가에겐 '오빠(brother)'를 떠올리게 하는 글일 수 있겠죠.

그럼 어떻게 단어 조각으로 짧은 글쓰기를 할까요? 어떤 단어라도 관계가 없지만, 어린이의 나이에 따라 적절한 수준의 단어 조각이면 좋습니다. 집마다 읽지 않는 어린이책이 있을 겁니다. 글자 크기가 너무 작으면 불편하니 그림책이나 동화책이 좋습니다. 책 속 단어를 싹둑싹둑 잘라보세요. 자르고 마구 섞어 단어를 흩트려주세요. 그리고 아이와 단어를 하나씩 건져내보세요. 단어와 단어를 잇고 흩트리고 다시 잇고를 반복하며 문장을 만들어보세요.

이렇게 단어로 시작한 짧은 글을 시작으로 이야기가 떠오르면 이어서 써도 좋습니다. 동요든, 동시든, 동화든, 일기든 무엇이든지요. 창작은 어렵지 않고 누구나 즐겁게 할 수 있습니다.

# 단어 조각으로 짧은 글짓기를 하는 순서

**❶ 읽지 않는 책 찾기**

저작권이 없는 원고를 '공유마당(gongu.copyright.or.kr)' 등에서 찾아
사용해도 되고, 집에 있지만 읽지 않는 책을 찾아주세요. 다만 글씨가
너무 작지 않아야 합니다. 원고를 찾아 인쇄한다면 글자 크기가 최소
13pt 이상이어야 좋습니다.

**❷ 단어 조각 만들기**

명사, 형용사, 동사, 부사 관계없이 띄어쓰기 된 곳을 자르세요. 1음절
단어는 앞뒤 단어와 이어 잘라도 됩니다. 또한, 아이가 좋아하는 단어
나 의성어, 의태어 등 말소리가 재밌는 단어를 의도적으로 섞어 만들
어도 좋습니다.

**❸ 단어 발견해 문장 만들기**

단어 조각들을 흩트려놓고 단어를 선택해 문장을 만듭니다. 아이가 한
글 읽기가 서툴다면 양육자가 옆에서 읽어줘도 됩니다. 문장은 어법에
조금 맞지 않아도 괜찮습니다.

**❹ 문장과 문장을 연결하기**

처음 한 문장을 만들면 그다음 문장을 상상하게 됩니다. 첫 문장은 오

롯이 우연성에 기대어 발견한 문장이라면, 두 번째 문장은 첫 문장에 기대어 선택하게 됩니다.

## ❺ 짧은 글 완성하기
최소 세 문장 이상으로 된 이야기를 완성합니다. 완벽한 글이 아니라 완성된 글을 지으면 됩니다.

## ❻ 제목 짓기
단어 조각에서 단어를 골라 제목을 꼭 지어주세요. 제목에 따라 글의 분위기, 글의 주제, 글의 의도가 변하게 됩니다.

## ❼ 이야기 나누기
내가 쓴 문장이 어떤 이야기인지 생각하며 이야기를 나눕니다.

# 내 멋대로 쓰는
# 이야기

보통 5세가 되면 규칙을 알고 갈등 상황이 생기면 문제 해결을 하기 위해 자기 나름의 방식으로 노력합니다. 복잡한 문장도 사용하고, 어른과 주거니 받거니 농담을 하거나 패러디도 하고 자신이 하고자 하는 말을 은유나 직유로 상징적으로 말하기도 합니다. 물론 아이는 은유, 직유, 상징의 개념은 모르지만요.

발달심리학자 장 피아제는 2세부터 7세 정도의 어린이를 전조작기라고 했는데요. 상징을 완벽히 이해하지는 못하지만 자연스럽게 사물, 행동 및 서사를 사용해 행동을 대신할 수 있는 시기죠. 예를 들어, 긴 나뭇가지를 칼로 사용하거나 소꿉놀이를 하며 감정을 연기하는 겁니다. 자기 경험이나 본 것, 들은 것, 눈앞의 상황, 혹은 상상하는 것을 순서대로 이야기하기 시작한다면 아이

멋대로 이야기를 지을 준비가 되었다는 뜻입니다. 여기서 '쓰다'가 아니라 '짓는다'라고 표현한 것은 글씨로 써서 옮기는 활동만을 가리키는 것이 아니기 때문입니다. 글씨로 써도 좋고, 말해도 좋고, 아이가 말한 문장을 양육자가 받아 적어 글자로 옮겨줘도 좋습니다.

아이와 이야기를 지을 땐 백지를 놓고 이야기를 쓰는 것보다 그림책을 활용해 놀이하듯 연습하면 좋습니다. 그림책을 활용해도 아이는 그림책 속 이야기를 벗어나 자기 경험이나 생각, 이제껏 학습한 것들을 포함해 내용을 재조직합니다. 그림책은 그림만 있는 책과, 글과 그림이 있는 책으로 나뉩니다. 아마 그림책을 활용해 이야기 쓰기를 할 때 가장 먼저 선택해야 할 것은 책의 형태일 겁니다. 형식으로 보면 그림책은 판타지 그림책, 사실주의 그림책, 정보 그림책, 옛이야기 그림책으로 구분할 수 있습니다. 어떤 형식의 그림책을 활용해도 괜찮습니다. 다만 어떤 그림책을 보며 이야기를 쓸 때 아이들이 가장 흥미로워할까요? 상황이나 캐릭터, 이야기나 장면에서 재밌는 포인트가 있어야 합니다. 그렇다면 아이들이 흥미로워할 가능성이 가장 큰 그림책은 판타지 그림책이겠죠.

그리고 아이가 이야기를 이해하는 능력에 따라 그림책의 글과 그림의 관계를 살펴보고 고르면 좋습니다. 그림과 글이 함께 있는 그림책에는 그림과 글이 같은 정보나 서사를 가지는 방식의 구체법 그림책, 그림에 없는 이야기를 글로 글에 없는 이야기를 그림으로 니타낸 보완법 그림책, 서로 독립적인 이야기로 두 개의 이야기가 전개되는 대위법 그림책, 서로 반대되는 이야기를 진개해 극대화된 메시지를 전달하는 반어법 그림책이 있습니다.

그림책을 활용해 이야기를 짓는 첫 번째 단계는 그림책을 읽다가 그림만 있는 장면이 나오면 이야기를 지어보는 것입니다. 많은 아이가 그림책을 읽으며 저마다의 방식으로 반응할 겁니다. 이때 반응으로 끝나지 말고 정제된 문장이나 단어로 말하도록 하는 게 이야기 짓기의 시작입니다. 아이들은 대체로 캐릭터에 몰입해 읽으므로 대사를 만들면 즐거워합니다. 아이는 이미지에 푹 빠져 개인적이면서도 사회적인 방식으로 캐릭터와 사건에 의미를 투사하죠. 이를테면 주나이다(junaida)의 『괴물원』을 읽을 때였습니다. 괴물들이 괴물원에서 나와 도시의 거리를 줄지어 걷는 장면이 나오자 저는 아이에게 말했습니다.

"괴물들이 무슨 말을 하는 거 같아."

그러자 아이가 까르륵 웃으면서 괴물 하나하나의 대사를 짓더군요.

"왜 이렇게 깜깜하지? 사람들은 다 어딨어?"

독백과도 같은 대사를 짓기도 했습니다.

"아, 배고프다. 어디서 맛있는 냄새가 나나."

"뭐라는 거야, 난 배불러."

두 괴물이 대화하듯 말하는 대사도 지었고요.

두 번째 단계는 글 없는 그림책(wordless picture books)으로 이야기를 상상하는 것입니다. 대사 만들기보다 상위 단계죠. 글 없는 그림책은 글 없이 그림만으로 이야기가 갖추어진 그림책입니다. 따라서 글과 그림이 함께 있는 그림책에서 글을 지운 책과는 다른 구조를 가지죠. 글 없는 그림책은 그림만으로 완성된 이야기이기 때문에 아이가 그림을 보면서 이야기를 만드는 데 더 적합합니다.

나의 아이는 그림만 있는 그림책보단 지문과 대화가 있는 책을 좋아합니다. 글 없는 그림책을 평소엔 보려고 하지 않습니다. 처음엔 제가 이야기를 지으며 그림을 읽어주었습니다. 이수지의 『파도야 놀자』, 데이비드 위즈너의 『구름공항』, 로트라우트 수잔네 베르너의 『하늘을 나는 모자』 등이요. 그러나 마음에 드는 책은 반복해서 읽는 아이인지라 이전에 읽어주었던 단어나 말투, 문장을 기억했습니다.

"왜 지난번이랑 달라?"

그제야 전 아이에게 설명해줬죠.

"사실 이 책엔 글이 없어. 상상해서 마음껏 말해도 돼."

"내 맘대로?"

아이는 이미 존재하는 배경, 등장인물, 등장인물의 표정이나 움직임, 소품을 보면서 이야기를 재구성해갔습니다. 물론 작가의 의도나 본래 이야기와는 다르게 흘렀죠. 아이에게는 이것이 글 없는 그림책으로 이야기 짓기를 한 첫 번째 경험이었을 겁니다.

세 번째 단계는 짧더라도 아이 스스로 이야기를 짓게 하는 것입니다. 아이가 이 과정을 어려워하면 주제나 상황, 좋아하는 캐릭터를 중심으로 이야기를 나누어보세요. 일단 이야기를 시작하고 확장해나가다 보면 멋진 이야기를 지을 겁니다. 책을 읽다가 책에 등장하는 캐릭터나 소품을 보고 아이에게 질문 하나를 던져보세요.

"공룡이 지금 세상에도 있다면?"(다비드 칼리, 『할아버지 집에 공룡이 있어요!』)

"마법의 방방을 탈 수 있다면?"(최민지, 『마법의 방방』)

"악어가 우리 집에 온다면?"(잉그리트 슈베르트·디터 슈베르트, 『악어야 악어야 우리 집에 왜 왔니?』)

아이는 뭐라고 대답했을까요?

"공룡이랑 집에서 놀고 싶어. 숨바꼭질도 하고 무궁화꽃이 피었습니다도 하고 놀이터도 갈래. 그런데 유치원에도 따라오면 어떡해?"

"무지개 위에 올라갈 거야. 무지개 위엔 구름이 많아, 구름

위엔 우주가 있고."

"악어랑 목욕탕에서 목욕할래. 목욕하면서 물총 놀이 할 거야. 물총 놀이 하면 내가 이길걸. 바닥에 물이 많아서 미끄러지니까 조심해야 해."

또 하루는 엠마 야렛(Emma Yarlett)의 『책 먹는 도깨비 얌얌이』를 함께 보고 있었습니다. 이 책은 글자를 따라가지 않아도 되는 놀이책으로 책 먹는 도깨비가 '공룡 책', '백과사전'을 먹는 내용의 시리즈로 이어집니다.

"얌얌이가 이제 무슨 책을 먹었으면 좋겠어?"

"엄마 책! 엄마 책 다 먹어."

아이가 처음엔 웃으며 장난스럽게 말하더군요.

"얌얌이가 ABC 책을 먹는 거야, 갑자기 영어 하는 도깨비가 되는 거지. 영어 노래도 막 불러. 그러다가 얌얌이가 친구를 만나. 친구는 일본어로 말하는 도깨비야."

아이는 이야기를 만들 때 자연스럽게 스토리텔링의 구조 즉, '시작-중간-끝'에 참여합니다. 이는 논리적 사고력과 조직 능력을 개발하는 데 도움이 됩니다. 예를 들어, 아이가 사랑하는 장난감을 놀이공원에서 잃어버린 이야기를 만들어냅니다. 그러려면 장난감을 어디서 어떻게 잃어버렸는지, 어떻게 내가 찾아 나설지, 어떻게 집으로 돌아오는지 생각해야 합니다. 또한, 이야기를 구성하면서 아이는 자신이 말하거나 쓴 세부 사항을 기억하고, 사건을 순서대로 배열하고, 서사적 일관성을 유지하거나 재밌게 흘러가도록 기억하려고 애씁니다. 모두 말하거나 쓰지 않더라도요. 아이는 이 과정에서 기억력이 강화되고 창의적으로 문제를 해결하려고 노력하게 되죠. 천천히 놀이하듯 아이와 읽고 쓰고 말하는 적극적인 활동을 하다 보면, 아이가 스스로 새로운 이야기를 만들기 시작할 겁니다. 분량은 관계없어요. 단 세 줄의 짧은 이야기여도 됩니다.

이렇게 이야기를 짓다 보면 언어와 사고의 확장으로 인지 발달이 이루어지고 의사소통 능력이 확장됩니다. 점차 아이는 이야기를 들려주거나 쓸 때 묘사, 상징, 동의어, 더 복잡한 문장 구조를 사용하는 법을 배웁니다. 비판적으로 생각하고, 감정을 표현하고, 논리적으로 문제를 해결하고, 세상과 의미 있게 상호작용을 하는 능력이 형성되는 것이죠. 그리고 이야기 짓기를 자주 경험하는 아이는 학령기에 접어들었을 때도 일기를 쓰고 독후감을 쓰고 에세이를 쓸 때 두려움 없이 써나갈 겁니다.

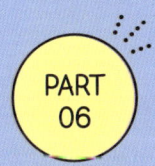

# 미디어 리터러시

**AI 시대,
금지보다 현명한 활용이 낫다**

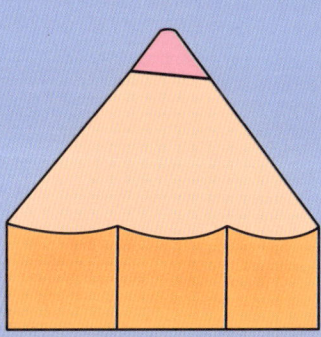

미디어가 일상화된 시대입니다.

어린이도 무조건적인 미디어 '차단' 대신 '활용' 능력을 길러야 합니다.

빠른 결과물, 손쉬운 학습을 위해 미디어를 활용하지 말고,

인간의 창의력과 문제 해결력을 강화하는 매개체로 써야 하죠.

특히 메타 인지 과정을 거치며 결과물을 생산하고

이야기를 나누는 것이 중요하다고 생각합니다.

이번 장에서는 디지털 기술을 활용한 그리기와 말하기,

읽기와 쓰기 놀이 활동을 중심으로 소개합니다.

디지털 기술을 도구로 적절히 사용하면서

아이의 비판적 사고 능력을 키우기 위해 앞선 장에서 제시한

그리기, 말하기, 읽기, 쓰기 활동을 먼저 함께 해주세요.

# 미디어 생활
# 준비하기

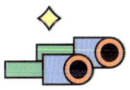

지금의 어린이는 우리가 자라던 시대보다 더 많이 읽고 보고 듣습니다. 접하는 정보의 양도 많고 다양합니다. 평균적으로 말도 빠르고 읽기도 빠른 편이죠. 그런데 말하기나 읽기가 빠르다는 게 곧 독해력이 좋거나 문해력이 좋다는 말은 아닙니다. 최근 중고등학교 학생들의 문해력 저하를 보도하는 뉴스만 보더라도 요즘 학생들의 언어력이 좋아 보이지는 않죠. 신조어, 외래어, 한자와 한글로 된 수많은 단어와 문장으로 여러 정보를 접하는 데도 왜 문해력이 떨어지는 걸까요?

요즘 어린이는 일상에서 많은 미디어를 접합니다. 한국언론진흥재단이 발표한 '2023 어린이 미디어 이용 조사' 보고서에 따르면, 한국 어린이의 하루 평균 미디어 이용 시간은 세계보건기구(WHO) 권고 기준의 약 3배인 약 3시간으로 나타났습니다. 만 3~9세 어린이 열 명 중 여섯 명이 생후 24개월 이전에 텔레비전을 시청했고, 열 명 중 세 명은 24개월 이전에 스마트폰을 사용한 것으로 조사되었습니다. 어린이의 77.6퍼센트는 스마트폰을, 65.6퍼센트는 스마트TV를, 57.1퍼센트는 태블릿 PC를 사용한다고 발표했습니다. 어린이의 77.2퍼센트가 온라인 동영상 플랫폼을 이용하고 있었고, 그중 가장 많이 이용하는 온라인 동영상 플랫폼은 유튜브로 이용률은 97.5퍼센트에 달했습니다. 놀라운 건 시청할 유튜브 콘텐츠를 어린이가 직접 선택하는 비율이 71.6퍼센트나 된다는 사실이었습니다. 즉, 어린이들이 무분별한 영상 콘텐츠, 광고, 뉴스에 노출될 수 있는 상황이죠. 내용과 시각적 효과가 자극적일수록 어린이들은 쉽사리 선택하고 오래 시청합니다.

미디어의 빠른 사용이 아이들의 말하기와 읽기를 빠르게 하는 데 영향을 미치는 것은 분명합니다. 하지만 빠른 속도보다 올바른 성장이 중요하죠. 이제는 미디어가 일상 곳곳에 들어온 시대입니다. 유아도 미디어 환경에서 벗어날 수 없죠. 따라서 연령에 맞는 미디어 리터러시 교육이 필요합니다.

그렇다면 미디어 리터러시란 무엇일까요? 리터러시가 정보를 이해하며 맥락을 알고 활용하는 능력을 의미하므로, 미디어 리터러시란 거칠게 말하면 미디어의 정보를 이해하며 맥락을 알고 활용하는 능력입니다. 그렇다면 미디어란 무엇일까요? 미디어

(media)란 사전적 의미로 '어떤 작용을 한쪽에서 다른 쪽으로 전달하는 역할을 하는 것'입니다. 매체라고도 말하는데요. 책, 신문, 라디오, 텔레비전, 전화, 사진, 광고, 영화, 인터넷, 디지털 기기 모두가 매체 즉, 미디어입니다.

그렇다면 어린이는 미디어를 어떻게 사용해야 할까요? 유아는 문자 해독 능력이 부족하고 논리적 사고 능력이 발달하는 단계이므로, 직접 경험하고 상호작용하는 방식이 더 효과적입니다. 초등학교 고학년 이상의 어린이와는 접근 방식이 달라야 합니다.

먼저 비언어적 소통을 익혀야 합니다. 유아는 영상이나 그림책을 볼 때 단순히 내용만 소비하지 않습니다. 문자나 음성언어를 온전히 이해하지 못하고 표정, 몸짓, 목소리 톤을 통해 의미를 파악합니다. 아이와 함께 영상을 보며 "이 캐릭터는 왜 슬퍼 보일까?" 같은 질문을 던지면 감정 이해 능력과 사고력을 기르는 데 도움이 될 수 있습니다.

그리고 유아는 미디어 속 이야기를 실제로 존재하는 것처럼 받아들일 수 있습니다. 이를테면, 뉴스에서 얼룩말이 동물원에서 탈출했다는 소식을 접하면 탈출한 얼룩말이 당장 우리 집 앞에 나타날 것 같다고 생각하는 거죠. 따라서 유아에게 현실과 가상의 차이를 가르쳐줘야 합니다. "이건 사람이 연기한 거야", "이 광고는 우리가 물건을 사고 싶게 만들려고 만든 거야"와 같은 설명을 통해 미디어와 현실의 차이를 아이가 자연스럽게 깨닫도록 알려줘야 합니다.

반대로 미디어 경험을 실제 활동과 연결하는 일도 필요합니다. 유아는 신체 활동을 통해 세상을 배웁니다. 단순히 영상을 눈으로 보고 숫자를 익히고 글씨를 익히고 직업을 알고 사회적 규칙을 배우는 것보다 놀이를 통해 경험하는 것이 중요하죠. 예를 들어, 요리를 다룬 콘텐츠를 봤다면 실제로 간단한 요리를 따라 만들어봅니다. 종이접기 콘텐츠를 봤다면 실제로 따라서 종이를 접어보고요. 동물 관련 영상을 본 후엔 동물 흉내 놀이를 해보는 것도 좋고, 자동차 장난감으로 흙 놀이를 하는 영상을 봤다면 집 앞 놀이터에 나가 직접 흙 놀이를 해보는 것이죠. 이처럼 미디어가 놀이의 도구든 학습의 도구든 보조적인 도구로 쓰여야 합니다.

이는 앞서 이야기했던 역할 놀이와도 연결됩니다. 역할 놀이를 통해 미디어를 이해해도 좋습니다. 인형을 앞에 두고 설명하는 놀이를 하거나, 뉴스 진행자처럼 이야기하는 활동을 해볼 수 있죠. 실제로 나의 아이는 한창 종이접기 영상 콘텐츠를 본 후, 영상 속 종이접기 아저씨처럼 앉아 아저씨의 말투, 아저씨가 사용하는 종이접기 어휘를 사용하며 흉내 내더라고요. 이를 통해 자신이 접한 미디어를 재구성하고 표현하는 능력을 기를 수 있습니다.

결국 유아기 미디어 리터러시 교육은 단순히 '미디어 사용을 제한하는 것'이 아닙니다. 양육자가 아이와 함께 미디어를 보고, 이야기하고, 실제 경험과 연결하는 매개체가 되어야 합니다. 즉각적인 반응을 주는 듯한 착각을 일으키는 미디어의 자극보다 아이가 직접 자신의 신체를 움직이고 손을 조작하고 생각하는 경험을 통해 건강한 자극을 추구해야 합니다.

수영장에서 물놀이하는 것보다, 동물원에서 동물을 보는 것보다, 키즈 카페에서 놀이하는 것보다, 미술관에서 만들기를 하는 것보다, 놀이터에서 뛰어노는 것보다 미디어 시청이 더 재밌다며 보여달라는 아이도 보셨을 겁니다. 유난히 미디어를 좋아하는 아이들이 있습니다. 너무 빠른 시기부터 접해 미디어 시청이 일상 습관이 된 사례도 있지만, 잘 살펴보면 미디어 시청 외엔 재밌는 것이 아이에게 적게 주어지는 경우도 많습니다.

신체적·정서적·지적·감각적 즐거움을 느껴본 아이는 무조건 미디어를 선택하지 않습니다. 이미 잘못된 미디어 시청 습관이 든 아이라면 습관을 고치기까지 양육자도 아이도 처음엔 힘들 겁니다. 실제 경험과 미디어의 활용 사이에서, 양육자가 다리가 되어주세요. 아이가 자연스럽게 미디어와 건강한 관계를 맺게 되면, 학령기에 접어든 후에도 자신에게 필요한 콘텐츠를 선별해 사용할 수 있게 됩니다.

# 디지털 어린이
# 신문 읽기

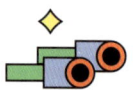

어린이 리터러시 능력은 단순히 글을 읽고 이해하는 능력을 넘어서야 한다고 앞서 밝혔습니다. 정보를 분석하고 자기 생각을 표현하는 능력도 여기에 포함되는데요. 최근 스마트폰과 태블릿 등 디지털 기기의 보급으로 전통적인 책이나 인쇄 매체 중심의 교육만으로는 리터러시 능력 향상에 한계가 생기게 되었습니다. 세계가 실시간으로 연결된 시대이니까요.

이때 디지털 신문은 어린이가 실제 사회·문화·과학 문제를 이해하고, 시각을 넓히고, 읽기와 사고, 표현 능력을 함께 늘릴 수 있는 새로운 매체라고 생각합니다. 디지털 신문을 활용한 읽기는 단순한 정보 전달을 넘어 어린이가 능동적으로 글을 읽고, 핵심 내용을 알고, 자신의 의견을 쓰고 이야기하는 과정을 포함합니다.

디지털 신문은 이미지, 영상, 인포그래픽 등 다양한 멀티미디어 자료를 동시에 제공합니다. 그리고 언제 어디서든 실시간으로 최신 뉴스를 접할 수 있습니다. 어린이용 뉴스 매체는 일반 뉴스 기사와 달리 글자 크기, 단어, 문장 구조를 어린이 수준에 맞추고 있다는 점, 기사 속 핵심 내용을 이해하고 정리할 수 있는 활동 요소를 포함한다는 점이 커다란 장점입니다. 덕분에 단순한 읽기를 넘어 '읽기→정보의 이해→표현'의 과정을 자연스럽게 경험할 수 있는 기회가 됩니다.

나의 아이가 여섯 살이던 여름, 전쟁에 관해 궁금해했습니다. 제가 뉴스를 보며 "이게 다 전쟁 때문이야"라고 말한 걸 들은 후였죠.

"엄마, 우리나라 전쟁 났어?"

아이는 전쟁이란 사람이 서로 싸우고 다치는 일이란 걸 이미 알고 있었습니다.

"아니, 러시아랑 우크라이나랑 전쟁 중이야."

아이는 일단 우리나라가 전쟁 중이 아니라는 사실에 안심하고는 이윽고 러시아와 우크라이나라는 나라에 관해 궁금해했습니다. 그러고는 "근데 왜 전쟁해?", "사람들 다치면 어떻게 해?", "전쟁은 언제 끝나?"라는 현재진행형의 질문과 "우리나라도 전쟁 날 수 있어?"와 같은 미래형 질문, "옛날에 일본이랑 전쟁 났을 땐 어떻게 끝났어?"처럼 과거형 질문도 했습니다.

그런데 이와 같은 질문들에 대해 아이가 이해하기 쉽게 설명하기 참 어렵더라고요. 생각 끝에 저는 어린이 신문 웹사이트에 들어가 관련 기사를 찾아보고 도움을 받았습니다. 베를린 장벽 붕괴 35주년을 기념해 열린 불꽃놀이와 콘서트 사진이 실린 기사를 아이에게 보여주면서 이처럼 전쟁이 끝나고 다시 함께 잘 살 수 있다고 말해줬습니다. 전쟁으로 고통받는 돌고래의 사진을 보여주고는 전쟁이 일어나면 사람만 다치고 아픈 것이 아니라 동물도 아프고 지구도 아플 수 있다는 이야기도 나눴습니다. 아직 죽음이나 참혹한 실상을 그대로 접하기엔 어린 나이임을 감안해 은유적 표현으로 실린 사진과 기사를 선택했죠. 아이는 그제야 조금은 알 것 같았는지 "지구에서 전쟁이 모두 사라졌으면 좋겠어"라고 말하고는 그 후로 몇 달 동안 종종 "엄마, 러시아 전쟁 끝났어?"라고 묻곤 했습니다.

매번 다양한 주제나 장르의 책을 찾아 읽기란 쉽지 않습니다. 하지만 신문 기사를 읽다 보면 문화부터 환경, 경제, 정치, 과학, 시사 등 다양한 주제의 글을 자연스럽게 접하게 됩니다. 그 과정에서 아이는 여러 관점을 가짐으로써 우리가 사는 지역사회는 물론, 그것을 넘어 확장된 시각을 갖게 됩니다. 그뿐만 아니라 실생활의 실천으로 이어지기도 하죠.

우리 동네 초등학교 학생의 이야기입니다. 이 학생은 평소 창작 글은 재미없다며 흥미를 보이지 않는다고 했습니다.

"애가 초등 3학년인데 글을 읽기 싫어해요. 특히 창작 책은 더 싫어하는 것 같아요."

아이의 엄마가 제게 털어놓은 고민을 듣고 되물었습니다.

"정보성이 있는 글은 좋아해요?"

"창작 글보단 좋아하는 것 같지만 글이 많은 책은 읽어주면 집중력이 떨어지더라고요."

"그럼 짧은 정보성 글인 신문 기사를 먼저 같이 읽으면 어떨까요?"

그때 그 엄마의 반짝이던 눈을 잊을 수가 없습니다. 그 아이의 엄마는 얼마 전까지 기자 생활을 했던 경력이 있었습니다. 아이는 처음에는 귀찮아했지만, 엄마와 함께 매주 두세 개 정도의 신문 기사를 읽고 이야기를 나누는 동안 점점 흥미를 느끼기 시작했습니다. 유치원에 다닐 때 조깅하며 길가의 쓰레기를 줍는 플로깅 활동을 한 후부터 길에 떨어진 쓰레기를 보면 "누가 이런 곳에 쓰레기를 버렸어"라고 말하던 아이였기에 먼저 '세계 환경 문제'에 관한 기사를 찾아 읽었습니다. 플라스틱 쓰레기가 바다로 흘러가면 해양 생물이 위험해진다는 사실을 새삼 다시 알게 된 후, 아이는 엄마와 함께 자신의 일상에서 실천할 수 있는 작은 행동들에 관해 이야기를 나누었죠. 그러고 나서는 편의점에서 플라스틱병에 든 음료수를 사 먹지 않겠다고 공표했다고 합니다.

이후 날씨, 우주, 역사 등의 여러 주제를 거쳐 어린이 경제 신문에서 '저축과 소비' 기사를 읽었습니다. 이제 막 용돈을 받기 시작한 아이는 자신의 용돈을 어떻게 활용할지 고민했다고 합니다. 그것을 계기로 용돈 기입장을 쓰게 되었고, 저축을 하면 지금보다 더 큰 기쁨을 얻을 수도 있겠다며 만족 지연 능력을 스스로 체득했다고도 합니다.

신문 기사는 세상에서 벌어지는 이야기를 담고 있습니다. 아이는 자기 바깥의 일들에 대해 읽으면서 그 일들이 자신과 무관하지 않다는 것을 스스로 알게 됩니다. 앞에서 언급한 사례의 아이는 이제 초등학교 5학년이 되었는데, 혼자서 일주일에 한 개의 기사를 요약해서 글을 쓴다고 합니다. 디지털 신문 읽기는 단순한 활동이지만, 아이에게 세상을 보는 눈을 넓히고 사고력을 키우는 습관으로 자리 잡았습니다.

이처럼 디지털 신문 읽기는 읽기 능력 자체의 향상뿐 아니라 비판적 사고력과 표현력 강화에도 유용합니다. 기사를 읽으며 사실과 의견을 구분하고, 글 속 자료와 그림을 분석하며 내용을 요약하는 과정은 이해력과 사고력을 동시에 훈련하게 합니다. 또한, 기사에 대한 자기 생각을 양육자와 대화하거나 짧은 글로 작성하는 과정은 표현력과 창의적 사고를 높입니다.

물론 고민할 지점도 존재합니다. '어떤 신문 기사를 읽을 것인가?'는 '어떤 책을 읽을 것인가?'를 결정하는 일보다 어렵습니다. 우리는 정보 과잉의 시대를 살고 있으니까요. 어린이 신문은 성인 신문과 견주었을 때 정보의 양이 다르지만, 그것이 미치는 영향은 크게 다르지 않습니다. 전 세계 뉴스가 실시간으로 쏟아지는 시대이니까요.

아이가 디지털 신문 플랫폼에 접속하는 동안 과도한 광고에 노출되지 않도록 지켜봐주는 것도 양육자의 몫입니다. 어린이 디지털 신문 플랫폼에는 대체로 교육 서비스나 도서, 교구 광고가 뜨지만, 소비를 부추기는 장난감이나 게임 광고가 보이기도 하고, 간혹 성인 대상의 광고가 뜰 수도 있습니다. 따라서 어린이가 자라 판단력을 가질 수 있기 전까진 양육자나 교육자의 안내가 필요합니다. 이와 더불어 신문 기사의 내용 난이도와 정보의 객관성 등도 함께 살펴봐주세요. 아이에게 디지털 신문 플랫폼에 접속하게 한 뒤 알아서 신문 기사를 찾아보게 할 것이 아니라 아이가 자연스럽게 사고하고 표현하도록 양육자가 곁에서 함께해줘야 합니다.

디지털 신문 읽기는 읽기, 이해, 비판적 사고, 표현 능력을 통합적으로 발전시킬 수 있는 방법 중 하나입니다. 앞으로 디지털 신문을 활용한 체계적 읽기 프로그램과 활동 기반 연구가 확대된다면, 어린이의 리터러시 향상과 사회적 이해력 증진에 더 큰 도움이 될 겁니다.

# 어린이 디지털 신문 사이트

★ 국내

### 소년한국일보
뉴스 기사 속에 어린이 독자의 관점이 반영되어 있고, 글쓰기나 체험 활동까지 연결할 수 있는 '읽기 → 생각하기 → 표현하기' 구조가 장점인 디지털 뉴스 플랫폼입니다.
www.kidshankook.kr

### 어린이 경제신문
어린이 눈높이에 맞춘 주간 경제 신문으로, 경제 개념을 쉽고 재미있게 전달하며 어린이의 생활 속 읽기 능력·비판적 사고력을 키워줍니다.
www.econoi.com

### 어린이동아
초등학생 눈높이에 맞춘 디지털 뉴스 플랫폼으로, 일반 신문사의 '어린이판'이 아니라 어린이 전용 콘텐츠와 어린이 기자단 등을 중심으로 구성되어 있습니다.
kids.donga.com

**어린이조선일보**

경제, 과학, 사회, 역사, 환경 등으로 카테고리가 명확히 구분되어 있어 기사 찾기가 수월합니다. 어린이 참여형 기사, 만화·퍼즐·게임 등 놀이형 학습 요소가 결합해 있어 단순한 읽기에서 벗어나 활동형 문해력을 강화할 수 있습니다.

www.chosun.com/kid

 **해외**

**First News (영국)**

약 7~14세를 대상으로 주요 뉴스, 동물·과학·엔터테인먼트 정보 등을 제공합니다. 어린이 문해력 향상을 위한 '읽기' 활동에 바로 적용할 수 있습니다.

www.firstnews.co.uk

**The Week Junior (영국)**

8세부터 14세 어린이를 위해 제작된 주간 뉴스 매거진으로, 세계 뉴스, 과학·자연·기술 등 다양한 주제를 흥미롭게 풀어냅니다.

theweekjunior.co.UK

**The Children's Newspaper (인도)**

어린이가 이해할 수 있는 방식으로 현재 일어나고 있는 사건 등 주요 뉴스를 설명합니다. 국제적 시각을 제공하는 것이 가장 큰 장점입니다.

thechildrensnewspaper.com

**Time for kids (미국)**

학년 난이도(4단계)로 구성된 기사를 제공하며, 어린이 기자단 참여와 교사용 학습 자료 등도 갖춰져 있어 단순한 읽기를 넘어 '비판적 사고+표현 활동'까지 연결됩니다.

timeforkids.com

**Časoris (슬로베니아)**

약 6~12세 어린이를 대상으로 한 온라인 신문으로 전문 기자와 어린이로 구성된 팀이 기사를 기고합니다. 어린이의 시각에서 쉽게 읽고 이해하는 것을 중요하게 여기고 있습니다.

casoris.si

# 디지털 기기로 하는
# 디지털 독서

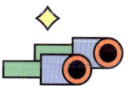

태어난 순간부터 디지털화된 일상에서 살아가는 세대를 알파 세대(generation alpha)라고 하죠. 2010년대부터 2020년대 사이에 태어난 어린이들입니다. 이 어린이들에게 스마트폰은 놀이 도구 이자 학습 매체이며 친구이죠. 그래서 어린이가 있는 집마다 스마 트폰을 포함해 디지털 기기 때문에 고민합니다. 전문가들은 입을 모아 디지털 기기를 보조 양육자로 사용하면 안 된다고 말합니다. 하지만 언제 어디서 얼마만큼 사용해야 하는가에 대해 딱 떨어지 는 정답은 없습니다. 따라서 양육자가 육아 방식이나 가치관에 따라 자기 기준을 세워 실천해야 합니다.

독서 습관을 들이기가 어렵다 보니 디지털 기기를 활용하는 양육자가 많습니다. 유아 때부터 태블릿 학습지로 아이에게 읽기나 쓰기 활동을 시키기도 하고요. 디지털 기기는 읽기, 쓰기, 독서 모두에서 보조 수단이어야 합니다. 독서든 놀이든 학습이든 디지털 기기를 주요 수단으로 사용하면 아이의 적극적인 인지적 사고 발달이 어려워집니다. 특히 종이책을 읽는 것과 디지털 기기로 책을 읽는 것은 다릅니다.

2023년 스페인 발렌시아대학교의 리디아 알타무라(Lidia Altamura) 연구팀은 2000년부터 2022년까지의 발표된 선행 연구들은 분석했는데요. 이들이 분석한 자료들은 디지털 독서와 종이책 독서의 효과를 비교한 것으로 30개국에서 47만 명이 참여한 25편의 선행 연구였습니다. 분석 결과, 연구팀은 종이책 독서가 디지털 독서보다 독해력을 6배에서 8배 높인다고 보았습니다.

또한, 디지털 독서를 자주 하는 아이는 학문적인 어휘 발달이 늦을 수 있다고도 지적했으며, 온라인 글이 어휘나 내용 면에서 종이책에 비해 미흡해 독해력 발달을 늦추는 요인이 될 수도 있다고 설명했죠. 2021년 노르웨이 스타방에르대학교(University of Stavanger)의 연구에 따르면, 종이책을 읽은 그룹이 전자책을 읽은 그룹보다 10퍼센트 더 높은 이해도를 보였다고 하는데요. 특히 이야기의 구조를 이해하는 데에 차이가 컸다고 밝혔습니다. 실제로 오디오와 영상과 종이책을 비교하면, 종이책을 읽을 때 정보 처리와 상위 인지를 담당하는 전전두엽 부위가 가장 활성화됩니다.

디지털 기기로 책을 보는 아이나 양육자가 가장 주의해야 할 건 무엇일까요?

　바로 '내가 책을 읽었다', '아이가 책을 좋아하는구나!' 하는 착각입니다. 디지털 기기를 통한 읽기는 종종 환상을 만듭니다. 아이가 화면을 집중해서 응시하거나 페이지를 넘기는 모습을 보면 아이가 즐거워 보이거든요. 평소 한 권의 책도 겨우 읽는 아이가 한자리에 앉아 이것저것 누르며 다섯 권, 열 권을 읽는 것처럼 보입니다. 읽는 권수도 많아지고 스스로 선택하니 양육자 입장에서는 적극적인 독서로 보일 겁니다.

　하지만 독서는 읽기와 다릅니다. 읽기가 글자를 보고 이해하는 과정이라면 독서는 글을 읽고 의미를 해석하고 생각하는 과정입니다. 의미를 탐구하고 개인의 경험과 마주하며 사고를 확장하는 일이죠. 따라서 디지털 기기 앞에 앉은 아이가 하고 있는 것이 단순한 읽기 활동인지, 시청각 활동인지, 적극적인 인지 과정이 일어나는 독서 활동인지 살펴야 합니다.

　그렇다고 디지털 기기로 책 읽기가 모두 무용하다는 말은 아닙니다. 비판적 사고와 다양한 관점을 갖기 위해서는 종이책 읽기를 주로 해야 하고, 유아기와 학령기 초반에 독서 습관이 형성될 때까지는 종이책으로 읽는 것이 중요합니다. 하지만 디지털 독서도 목적에 따라 조화롭게 종이책 독서와 함께하면 됩니다. 디지털 독서에서 중요한 건 '디지털 독서를 통해 어떤 목표를 달성할까' 입니다. 즐겁게 놀이를 할 것인지, 정보를 취득할 것인지, 효과적으로 학습을 할 것인지, 책에 흥미를 갖게 할 것인지를 정해야 하죠.

리터러시 권위자 조병영 교수는 『읽는 인간 리터러시를 경험하라』에서 "디지털 환경에서 '어떻게 읽을까'라는 질문은 '무엇을 읽을까(What should I read?)'라는 질문에서 답의 실마리를 찾을 수 있다. 무엇을 읽을지 선택하려면 무엇보다 '내비게이션 전략(navigational strategies)'이 필요하다"*라고 말합니다. 수많은 정보 사이에서 제대로 된 길을 따라 원하는 정보를 얻어야 하니까요. 아이의 디지털 읽기도 마찬가지입니다. 수많은 디지털 텍스트 중 어떤 것을, 어떻게 읽을지 선택하고 방향을 잡아야 합니다.

디지털 기기를 활용한 책 읽기가 시청이 아니라 독서가 되려면 어떻게 해야 할까요? 무엇을 읽을지, 어떻게 읽을지, 왜 읽을지 살펴야 합니다. 전통적인 종이책과 달리 디지털 플랫폼에 등록된 책을 포함한 콘텐츠는 압도적으로 많은 정보량을 제공합니다. 사실 디지털 플랫폼에 올라온 콘텐츠가 모두 좋은 콘텐츠라고 할 수는 없습니다. 그러므로 양육자의 과제는 아이가 의미 있고 고품질인 콘텐츠에 노출되도록 길을 찾아주는 것입니다. 디지털 읽기 콘텐츠라면 그림책도 있고, 학습지도 있고, 어린이 신문도 있고, 정보 습득을 위한 도감이나 백과사전도 있을 겁니다. 분야에 따라 디지털 기기가 더 도움이 되는 경우도 있고요. 이를테면, 디지털 도감은 생생한 사진과 영상, 텍스트를 함께 볼 수 있습니다.

디지털 콘텐츠는 양육자가 일방적으로 읽어주기보다 아이의 동작으로 다음 이야기가 진행되는 디지털 책을 보게 하는 편을 권합니다. 이때 수동적 참여는 최대한 지양해야 합니다. 영상 화면이 스스로 변화되며 읽어주는 책은 상호 소통이 전혀 일어나지 않습니다. 이런 콘텐츠를 볼 때 아이는 글을 읽거나 소리를 듣는 것보다 화면에 시선을 더 뺏기고 맙니다. 플레이되는 속도를 아이가 따라갈 뿐이죠.

독서는 단순히 단어에 노출되는 것이 아닙니다. 이야기를 기억하고 요약하는 일도 아닙니다. 상호작용이 이루어져야 합니다. 종이책을 읽으면 아이가 스스로 읽는 속도를 조절할 수 있습니다. 중심 이야기 말고 주변 이야기와 등장인물에도 관심을 가질 수 있고, 작가가 그리지 않았거나 쓰지 않은 행간 속 숨은 이야기를 발견할 수도 있습니다.

"다음에 무슨 일이 일어날 것 같아?"

"이번에는 거북이가 토끼보다 빨리 달릴 것 같아. 슈퍼 거북이니까."

종이책을 읽을 때 아이는 자신이 보는 책 속의 그림을 가리키고, 질문하고, 심지어 등장인물을 흉내 내고 이야기를 추측합니다.

디지털 책은 종이책이 없을 때 유용합니다. 외출해서, 여행을 가서, 무언가를 기다리며 아이와 짧은 시간을 유용하게 보낼 수 있죠. 좋은 종이책 중 디지털 책으로 만들어진 책은 너무나 많습니다. 저는 디지털 책을 선택할 때 몇 가지를 고려합니다. 아이가 읽기 좋은 책, 흥미로워할 만한 책을 고르는 것은 기본이고요. 종이책으로 읽었던 책 중 아이가 좋아했던 책을 고르거나, 평소에 관심을 보이지 않던 주제의 책을 고르기도 합니다. 종이책으로 보았을 때 놓쳤던 걸 매체의 전환 덕분에 보게 됩니다. 반복 독서의 효과도 나타나고요.

평소 읽지 않던 주제의 책은 읽기에 도전해보는 기회가 되는데요. 디지털 기기의 효과음과 시각적 자극이 보조 수단이 되어 아이를 끌어당깁니다. 하지만 너무 요란한 자극은 피해야 합니다. 최소한의 효과음은 흐트러진 집중을 다시 제자리로 데려오지만, 과장된 효과음은 아이를 더 산만하게 만듭니다. 과도한 시각적 자극도 마찬가지고요. 시각적 자극이 많을수록 독서보단 시청이 될 수 있습니다.

디지털 독서를 효과적으로 하는 방법의 하나는 대화하며 읽기입니다. 앞서 말했던 대화형 독서입니다. 대화하며 읽기는 적극적 읽기를 보장합니다. 양육자가 책 속 문장을 소리 내어 읽지 않기 때문에 함께 디지털 독서를 하게 되죠. 아이와 함께 책을 읽고 보고 들으며 질문을 합니다.

"주인공이 왜 그랬을까?

등장인물에 감정을 이입해보기도 하고요.

"다음에 무슨 일이 일어날 것 같아?"

함께 이야기를 추측하기도 하고요.

"우리도 동물원 갔었는데. 무슨 동물이 기억나?"

이야기를 개인적인 경험과 연관시켜도 좋습니다.

"우리 집이 동물원 안에 있다면 어떨까?"

자유롭게 상상해도 좋습니다. 이렇듯 대화형 독서는 책을 읽으며 현재진행형으로 하는 독후 활동이기도 합니다.

일상 속에 깊숙이 들어온 디지털 기기. 유아기부터 목적을 두고 적정하게 사용하는 습관을 들여야 학령기에도 조절해 사용할 수 있습니다. 디지털 기기는 잘 사용하면 우리에게 도움을 주지만, 디지털 기기가 없어도 아무 문제없는 리터러시 생활을 해야 합니다. 독서, 글쓰기와 그리기, 놀이와 학습 모두를 포함해서요.

★　　조병영, 『읽는 인간 리터러시를 경험하라』, 쌤앤파커스, 2021, 206쪽.

# AI와 함께하는
# 다채로운 그리기 활동

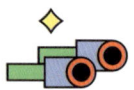

    인공지능(artificial intelligence, AI)이 생활 곳곳에 들어왔습니다. 미디어 콘텐츠도 AI가 추천해주고 AI 디지털 교과서 도입이 논의되는 것은 물론, 이미 어린이의 학습과 놀이에도 활용되고 있죠. AI를 두려워할 필요도 어려워할 필요도 없습니다. 우린 일상에 들어온 AI를 잘 활용하면 됩니다. AI를 리터러시 능력을 증진하는 도구로 활용하면 어린이의 그리기, 읽기, 쓰기 능력을 자연스럽게 키울 수 있습니다. 특히 생성형 AI의 경우 이전의 미디어처럼 일방적인 전달만 받는 게 아니라 실시간 상호 활동이 가능하죠. 이제부터 AI를 활용한 구체적인 그리기, 읽기, 쓰기 활동들을 살펴보겠습니다.

    먼저 그리기는 앞서 말한 것처럼 어린이의 리터러시 능력과 창의력을 키우는 중요한 활동입니다. 그리기 활동을 할 때 단순히 디지털 기기를 캔버스 삼아 그림을 그리는 것에서 그치지 않고 AI를 활용하면 아이가 더 다양한 방식으로 그림을 그리고 표현할 수 있습니다.

AI를 활용한 그리기 활동의 첫 번째는 AI로 그림 완성하기입니다. 어도비 파이어플라이(Adobe Firefly)는 반쪽만 그린 그림을 대칭시켜 완성해주는 기능이 있는데요. 아이가 꽃의 반쪽을 그리면 AI가 대칭 형태로 반대쪽을 완성해주죠. 이와 반대로도 활용할 수 있습니다. AI가 랜덤한 선이나 도형을 제시하면, 아이가 그것을 보고 자유롭게 상상해 그림을 완성하는 놀이를 할 수 있죠. 이를테면, AI가 반원을 보여주면 아이는 그것을 이용해 동그라미를 그리거나, 웃는 얼굴을 그리거나, 초승달을 그리거나, 자동차의 바퀴를 그릴 수 있습니다. 이를 통해 아이는 대칭성 지각을 강화하고 공간 사고력을 향상합니다. 유아 수학에서 도형을 배우고 대칭을 배우는 것과 같습니다. 논리적 분석을 하는 좌뇌와 공간적·창의적 사고를 하는 우뇌를 동시에 사용해 전체 그림을 완성하므로, 두 반구 간 정보 교류가 활성화되죠.

또한, 어도비 파이어플라이나 엔비디아 캔버스(NVIDIA Canvas), 딥아트(DeepArt), 프리즈마(Prisma)는 그림 스타일 변환 기능을 활용해 아이가 그린 그림을 다양한 스타일로 변환할 수 있습니다. 아이가 단순한 연필 스케치로 그린 그림을 AI가 수채화나 만화, 유화 스타일로 바꿔주죠. 이를 통해 아이는 같은 그림도 다양한 방식으로 표현할 수 있다는 점을 배우게 됩니다. 표현의 유연성을 인식하면서 미적 감수성을 키우고 각 스타일에서 어떤 요소가 달라졌는지 관찰하고 '이 스타일은 왜 이렇게 느껴질까?' 스스로 질문하면서, 자신의 작품에 대한 이해와 비판적 사고를 연습합니다.

AI를 활용한 수업을 할 때, 아이들이 가장 좋아했던 건 자신이 말하는 단어로 그림을 생성해주는 것과 자신이 그린 그림이 애니메이션처럼 움직이는 것이었습니다. 카이버(Kaiber)나 피카(Pika)를 통해 움직이는 이미지를 만드는 수업을 한 날이었습니다. 아이들은 스스로 만들어낸 이미지가 살아 움직이는 모습을 보고 신기해했어요. 한 아이는 화면 위에 작은 강아지가 나타나 깡충깡충 뛰어다니는 걸 보고 자기가 그린 강아지를 '로봇 강아지'라고 말했고, 또 다른 아이는 자신이 그린 나비가 하늘을 날아오르는 장면을 보며 손뼉을 쳤습니다. 단순히 그림의 움직임이 신기해서가 아니라 자신이 상상한 세계가 실제로 구현되는 경험이 강한 흥미를 불러일으켰던 거죠. 몇몇 아이들은 그림을 다시 수정하거나 그리면서 더 정교한 움직임을 만들어내려 했으니까요. 어떤 아이들은 서로의 그림을 보며 아이디어를 공유하기도 했고요. 이러한 과정에서 자연스럽게 창의적으로 사고하는 즐거움을 느끼게 됩니다. 또한, 그리기만이 아니라, AI를 활용한 이야기 짓기와 비

주얼 스토리텔링까지 경험하게 되면서 다양한 창작 방법론을 알게 되었죠.

집에 돌아와 나의 아이와도 레오나르도 AI(Leonardo AI)를 사용해 그림을 만들어 그림책을 만들어보기로 했습니다.

"무슨 그림책을 만들어볼까?"

"여름방학 그림책. 여름방학에 공룡 탐험 가는 그림책!"

아이는 그림책의 주제를 정한 것만으로도 신이 났습니다.

"어떤 이야기로 그림을 그려볼까?"

"나 이야기 생각났어."

"무슨 이야기야?"

"내가 여름방학에 공룡 탐험을 하는 그림책이야. 초록색 숲에 들어갔다가 공룡 알을 발견해. 공룡 알을 배낭에 담아 다시 여행을 떠나. 착한 공룡을 만나 친구가 되고, 나중에 공룡 알도 부화해."

우린 『여름방학 공룡 탐험』이란 제목의 그림책을 만들었습니다. 그 이후로도 아이는 가끔 말합니다. "엄마, 우리가 만든 책 읽자!"라고요.

물론 AI를 활용한 놀이 활동에도 유의할 점이 있습니다. 글쓰기를 포함한 모든 활동이 마찬가지인데요. 아이는 자칫 'AI가 다 그려주는데 내가 왜 그려야 하지?' 의문을 품거나, 'AI가 나보다 잘 그리는데?'라며 의욕이 떨어질 수 있습니다. AI를 활용해 놀이를 시작할 때, 그리고 결과물이 나왔을 때 아이에게 분명하게 전달해주세요. 창의적 작업의 결과물이 나온 이후에도 "잘 그렸다", "놀랍다"라고 감탄만 하기보다는 비판적인 질문을 함께 던져보세요. AI의 답변을 그대로 사용하지 않고 "왜 이렇게 대답했을까?", 그림을 보고는 "왜 이렇게 그렸을까?" 하고 아이 스스로 물어보도록 말이죠. 양육자가 AI 사용의 목적과 한계를 설정해야 합니다. 아이가 크면서 자연스럽게 이해하도록 목적 설정과 판단, 선택은 인간이 할 수 있는 고유 권한임을 꾸준히 말해주세요. AI를 아이디어 발상이나 기술적인 도움 등 구체적인 활동을 돕는 도구로 인식하도록 하고, AI가 잘못된 정보를 주기도 하고 모든 답을 알 수 없다는 걸 알려줘야 합니다.

# 맞춤형 상호작용,
# AI를 활용한 읽기의 핵심

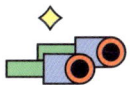

AI를 활용한 읽기는 전자책 읽기와는 다릅니다. 전자책이 일방향적으로 텍스트를 읽어주고 텍스트와 관련한 효과를 전달한다면, AI는 어린이가 글을 읽는 과정에서 다양한 방식으로 보조 역할을 합니다. 디지털 기기를 통한 읽기보다 상호작용이 가능한 것이죠. 이를테면, 음성 지원 AI를 활용하면 AI가 책을 읽어주면서 아이에게 질문하고 아이의 질문에 대답도 합니다.

"주인공이 여기서 어떻게 행동하면 좋을까?"

AI가 질문을 던지면, 아이는 스스로 이야기의 흐름을 생각하며 대답합니다.

"열심히 안 해도 돼, 천천히 해도 돼."

이처럼 AI를 활용한 읽기 활동은 일방적인 읽어주기가 아니라 사고력을 키우는 대화형 독서로 발전할 수 있습니다. AI는 외국어 공부에도 도움이 됩니다. 아이의 언어능력에 맞춰 지문을 만들어주거나 대화를 할 수 있기 때문입니다. AI는 아이의 발음을 분석해 정확한 발음을 유도하거나, 억양 교정도 가능하죠.

하지만 전 AI를 활용한 읽기 활동은 독서보다 문해력을 높이는 놀이가 큰 장점이라고 생각합니다. AI와 함께하는 단어 퍼즐 게임이나 끝말잇기처럼요. 쓰기가 아직 어려운 유아도 말하기를 통해 놀이를 할 수 있고요. 음성을 글자로 변환하는 AI를 활용하면 아이가 말한 내용을 자동으로 텍스트로 바꿀 수도 있습니다. 꼭 타자로 입력하지 않아도 되는 거죠.

AI를 활용한 읽기 활동의 첫 번째는 낱말 놀이입니다. 나의 아이가 4세가 되면서 아이와 함께 AI에게 퀴즈를 내고 답을 맞히곤 했어요. AI에게 "네 살 아이가 맞힐 수 있는 낱말 맞히기 놀이 문제를 내줘" 하고 질문합니다. 아이의 나이 외에도 과일, 동물, 직업, 사물 등 카테고리를 구분해줘도 되고, 세 문장이나 네 문장처럼 힌트의 개수를 설정해줘도 됩니다. AI는 사용자가 설정한 기준에 맞춰 문제를 만들어내죠.

"나는 동물이에요. 긴 목을 가졌어요. 키가 매우 커요" → 기린
"나는 과일이에요. 속은 빨간색이고 동그래요. 겉과 속의 색이 달라요. 씨가 많아요" → 수박

AI를 활용한 읽기 활동의 두 번째는 단어 빈칸 채우기 놀이입니다. AI에게 "다섯 살 아이가 맞힐 수 있는 '한 단어' 빈칸 채우기 놀이를 만들어줘" 하고 질문합니다. 이때도 마찬가지로 카테고리를 구분해줘도 좋습니다. 혹은 유치원 생활과 관련한 단어, 놀이터와 관련한 단어 등으로 지시해줘도 괜찮고요.

AI가 문장에서 일부 단어를 가린 후 문장을 제시하면, 아이가 문맥을 보고 어떤 단어가 들어갈지 추측하는 방식인데요. 예를 들어, AI가 "토끼가 (　　　)을 먹어요"라고 제시하면, 아이가 '당근'이나 '토끼풀' 같은 단어를 생각해 말하는 겁니다.

"엄마가 (　　　)을 걸레로 닦았다" → 바닥, 식탁, 책상
"동생은 (　　　)를 타고 학교에 갔다" → 자전거, 스쿨버스

아이는 "동생은 고래를 타고 학교에 갔다"라고 말하곤 "아니, 공룡을 타고 갔나?"라며 킥킥거리며 웃더군요. 아이들은 4세가 되면 현실적인 문맥과 상상 속 이야기를 구분해냅니다.

나의 아이가 AI를 활용한 읽기 활동 중 제일 좋아하는 건 끝말잇기인데요. 어휘력이 늘어나고 한글을 조금 읽기 시작했을 때 하면 좋습니다. 받침이 없거나 단모음의 글자를 읽을 무렵이요. 이 시기는 아이에 따라 다른데요. 빠른 아이의 경우 만 4세 중반부터 한글을 읽기 시작하고 보통 만 6세면 유창하지는 않더라도

한 글자 한 글자 읽습니다.

"우리 끝말잇기 놀이를 하자."

아이가 글자에 관심을 갖기 시작했을 때 우린 종종 끝말잇기를 했습니다. 아이가 알 만한 쉬운 단어를 골라 말하는 일이 어렵더라고요. 그때 챗GPT(ChatGPT)와 끝말잇기를 했습니다.

"이제 막 한글을 읽기 시작한 5세 아이와 끝말잇기를 할 거야. 쉬운 단어로 이어가줘. 네가 먼저 시작해."

챗GPT에 조건을 입력하고 끝말잇기를 시작했죠.

'바나나 – 나비 – 비행기 – 기지개 – 개구리 – 리본 – 본색……'
이렇게 단어를 이어나갔습니다. 다만 AI는 정확하지 않은 단어를 사용하기도 하므로 옆에서 양육자가 함께 살펴줘야 합니다. 실제로 아이가 '기지개'를 말한 다음, AI는 '지개미'라고 대답했습니다.

"지개미가 뭐야?"라고 물으니, "죄송합니다. 제가 정확하지 않은 단어를 사용했네요. '지개미'는 실제로 존재하는 단어가 아닙니다. 올바르게 다시 진행해볼게요. '기지개'에서 끝말인 '개'로 시작하는 단어를 사용해야 합니다"라고 말했습니다. 아이는 "컴퓨터가 틀렸어, 내가 이겼어"라며 신나 했고요. '개구리'로 수정해 다시 놀이를 시작했습니다.

또 놀이 중 모르는 단어가 나왔을 때도 양육자의 설명이 필요합니다. '리본'에 이어 AI가 '본색'이라고 말하니 아이는 "또 틀렸다"라고 했어요. 의미를 모르는 단어였기에 이번에도 없는 단어인 줄 알았나 봅니다. 제가 옆에서 "원래 가지고 있는 색깔이나 모양이나 성격 같은 거야"라고 알려주었죠.

끝말잇기는 평소에 잘 사용하지 않는 단어를 말하고 몰랐던 새로운 어휘를 알아가는 재미가 있습니다. 이처럼 AI를 통한 읽기는 단순한 텍스트 읽기가 아니라 상호작용으로 이어집니다. 아이가 영어나 외국어 학습을 시작한 후엔 더 효과적으로 AI를 활용할 수 있습니다. 발음의 교정에 활용하거나 대화할 수 있고, 대화 글 읽기를 통해 보다 양질의 어휘나 문장을 습득할 수 있기 때문입니다. 물론 앞에서 제시한 빈칸 채우기나 끝말잇기를 외국어로 해도 좋습니다.

결국 AI를 활용한 읽기 교육의 핵심은 '맞춤형 상호작용'에 있습니다. 아이의 발달 단계와 관심사에 맞춰 즉석에서 문제를 생성하고, 실수를 통해서도 배움의 기회를 만들어내는 것이죠. 다만 AI가 완벽하지 않기 때문에 양육자의 적절한 개입과 확인이 필요합니다. 중요한 것은 기술 자체가 아니라 아이와 함께 즐겁게 배워나가는 과정임을 잊지 말아야 합니다.

# AI로 글쓰기에 대한 흥미 북돋워주기

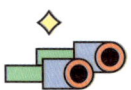

쓰기는 어린이도 어른도 가장 어렵게 느끼는 분야입니다. 학령기 전의 어린이는 글쓰기를 어려워한다기보다 이야기를 전개하는 방법이나 문장 구조를 세우는 방법을 알지 못합니다. 글쓰기의 두려움이 아직 없는 시기이기 때문인데요. 하고 싶은 이야기는 많은데, 머릿속에 이야기는 있는데 꺼내지 못하는 일도 있고요. 그렇다고 그 연령대의 어린이에게 '문장을 구성하는 요소에는 주어, 서술어, 목적어가 있다', '이렇게 쓰면 완결된 문장이다', '주장, 설명, 은유, 직유, 상징은 이렇게 써야 한다'라고 설명해줘도 이해하기 힘듭니다. 그보다는 '글쓰기는 재밌는 거구나!'와 같은 긍정적인 글쓰기 경험과 감정을 주는 게 중요합니다.

AI를 활용하면 보다 흥미로운 방식으로 글쓰기에 접근할 수 있습니다. AI가 아이가 쓴 글을 문법적으로 자연스럽게 고쳐주거나, 맞춤법을 수정해주거나, 어휘를 추천해주는 기능이 대표적입니다. 하지만 가장 창의적인 활동은 AI와 함께 이야기 만들기 놀이입니다. 아이가 한 문장을 쓰면, AI가 다음 문장을 제안하고, 또다시 아이가 한 문장을 이어 쓰고, 다시 AI가 이어서 문장을 쓰면서 이야기를 확장하는 방식입니다. 글쓰기를 어려워하는 아이도 먼저 이야기하듯 말하고, 이를 AI가 정리해주면 자연스럽게 글쓰기에 대한 부담이 줄어듭니다.

아이와 봄맞이로 동물원에 다녀온 날이었어요. 아이는 동물원에서 실제로 잠자는 호랑이에게 "잠꾸러기 호랑이야, 이제 일어나!" 하고 소리쳤었지요. 우린 그림일기를 그리는 대신 짧은 이야기를 만들어보기로 하곤, 클로드(Claude) 프롬프트에 이런 문장을 입력했어요.

"잠꾸러기 호랑이의 이야기를 함께 만들어보자. 한두 문장씩 이야기를 만들자."

**AI**     깊은 산속 동굴에 사는 호랑이가 있었어. 잠을 무척 좋아했어.

**아이**    마을 동물은 모두 잠꾸러기 호랑이라고 불렀어. "호랑이야, 일어나!"

**AI**     다람쥐가 동굴 입구에서 소리쳤어.

| 아이 | 호랑이가 일어나더니 "다람쥐야, 내가 잡아먹는다!"라고 말했어. |
|---|---|
| AI | 그런데 호랑이는 아직 너무 졸려서 하품을 크게 했어. |
| 아이 | 하품하느라 다람쥐를 못 잡았어. |
| AI | 다람쥐는 재빠르게 나무 위로 도망쳐버렸어. |
| 아이 | 나무 위에서 다람쥐가 떨어졌어. "우당탕탕". 나무 아래서 뱀과 악어가 싸웠어. "내가 잡아먹을 거야!" |
| AI | 두 동물이 서로 노려보며 외쳤어. 그때 잠꾸러기 호랑이가 큰 하품을 하는 소리에 깜짝 놀랐어. |

아이가 이야기를 지어 말하면 제가 대신 타자를 치고 읽어주면서 만들었어요.

"우리 제목은 뭐로 할까?"

"제목은 '잠꾸러기 호랑이'로 할래. 이번엔 공룡 이야기 만들자."

"오늘 동물원 재밌었어"로 끝났을 하루를 짧은 이야기로 만든 아이는 매우 기뻐했습니다. 이어서 다른 이야기도 만들기로 했어요. 아이가 좋아하는 공룡 이야기를 만들고 싶다고 해, 바로 프롬프트에 문장을 입력했어요.

"이번엔 공룡 이야기를 만들 거야. 내가 먼저 할게."

| | |
|---|---|
| 아이 | 스피노가 잠을 자다가 언덕에서 굴러떨어져서 바다에 풍덩 빠졌어. |
| AI | 갑자기 차가운 물에 놀란 스피노는 눈을 크게 뜨고 꼬리를 휘저었어. |
| 아이 | 스피노는 수영을 하며 물고기를 잡았어. 아기 스피노에게 물고기를 다 줬어. |
| AI | 아기 스피노는 기뻐하며 꼬리를 흔들었고, 엄마 스피노에게 고맙다고 작은 목소리로 속삭였어. |
| 아이 | "고마워." 엄마 스피노는 물고기를 잡으러 또 갔어. 다스플레토가 나타났어. 아기 스피노를 공격했어. |
| AI | 그때 엄마 스피노가 돌아와서 다스플레토를 보고 무시무시한 소리를 내며 달려들었어. |
| 아이 | "크앙!" 하며 다스플레토는 도망갔어. 엄마랑 아기랑 다시 만났어. |

"전체로 이어서 다시 읽어줘."

아이는 하나로 이어진 이야기를 들으며 컴퓨터와 자신이 함께 이야기를 만들었다며 재밌어했습니다. 그러곤 "나 곤충 이야기도 만들래, 유치원 이야기도 만들래"라고 했고요. 그날 이후 우리는 가끔 이러한 경험을 바탕으로 AI를 활용해 짧은 이야기를 지었습니다.

학령기 전 아이들은 아직 AI가 무엇인지 정확하게 이해하지 못합니다. 컴퓨터의 한 기능으로 받아들이죠. 신기하다고 여기지도 않는 것 같아요. 그래서 더 놀이 도구이자 학습 보조자로 유용하게 활용할 수 있습니다.

그러나 자기 주도 학습을 해야 하는 초등학교 고학년이 되기 전엔 AI의 여러 기능은 물론 문제점이나 역할을 아이와 함께 생각해봐야 합니다. 초등학교 고학년 글쓰기 수업이었습니다.

"AI가 다 쓰면 되지, 우리가 왜 써야 해요?"

한 어린이가 '왜 글쓰기를 배워야 하는가?'에 관한 근본적인 질문을 하더군요.

"제가 쓴 것보다 훨씬 나아요. 빠르고요."

덧붙여 AI 글쓰기의 장점을 늘어놓더군요. AI도 사람도 하늘 아래 완전히 새로운 글을 쓰진 못합니다. AI가 정보를 바탕으로 글을 쓰듯, 우리도 이제까지의 정보와 경험으로 글을 쓰죠. 그러나 AI는 인간인 우리가 질문한 것만 가지고 글을 씁니다. 인간인 우리는 자신이 쓰고 싶은 걸 쓰고 생각나는 걸 쓰고 모방해서도 쓰고 다양한 방식으로 쓰죠. 하지만 AI는 무엇을 써야 할지 모릅니다. 스스로는 그 무엇도 시작할 수 없어요. AI 글쓰기는 우리가 쓰고자 하는 글을 대신 써주는 도구가 아닙니다. AI가 글을 완성해주는 것도 아닙니다. 다만 새로운 아이디어를 얻고 생각을 확장하는 데 보조 도구로 사용해야 합니다.

이렇듯 AI는 어린이의 그리기, 읽기, 쓰기 능력을 효과적으로 향상하는 도구가 될 수 있습니다. 놀이 친구가 되기도 하고요. 맞춤형 피드백을 제공하고, 놀이 요소를 추가해 학습을 재미있게 만들 수 있다는 점이 강점이죠. AI는 빠르고 쉽게 완성된 결과물을 만들지만, 정서적 깊이나 독창적인 감각은 부족합니다. 아직 윤리적인 문제, 도덕적인 문제, 저작권 문제도 해결되지 않았고요. 또한, 아이가 AI를 너무 자주 사용하다 보면 스스로 사고하고 창작하는 능력이 약해질 수 있습니다. 쓰기, 말하기, 그리기, 만들기 등을 통해 자기 생각을 표현할 기회를 놓칠 수도 있습니다. 따라서 AI는 학습 보조 도구로 적절히 균형을 유지하며 활용해야 합니다. 아이의 창의성을 보조하고 확장하는 도구 정도로 사용해야 합니다. 함께 쓰는 양육자도 AI 한계나 문제점을 알아야 하고요.

AI가 인간의 리터러시 생활을 대신 할 순 없습니다. 빠르게 답을 내어놓으니 효율적으로 보일 뿐이죠. 인간이 가진 읽기와 쓰기의 능력을 효과와 효율, 숫자로만 생각하지 말고 그 가치를 들여다봐주세요. 생각에 한계가 있는 AI는 결코 인간이 아닙니다. 어떤 길이든 인간이 먼저 걸어야 AI가 그 뒤를 따라옵니다. AI는 도구일 뿐, 진짜 주인공은 아이입니다. 아이가 "잠꾸러기 호랑이"를 떠올리고, "스피노가 굴러떨어졌어"라고 상상하는 기쁨은 그 누구도 대신할 수 없습니다. AI가 아무리 완벽한 글을 써도, 아이가 직접 경험하고 느끼고 표현하는 그 과정 자체가 성장이라는 사실은 변하지 않습니다. 우리가 아이에게 가르쳐야 할 것은 자신만의 목소리를 찾아가는 방법입니다. 그래야만 아이가 자라나면서 자신만의 길을 만들어갈 수 있을 테니까요.

다음은 어린이의 읽기와 쓰기 능력을 향상시켜주는, AI 도구들입니다.

⭐ **그리기 AI 도구**

**오토드로(AutoDraw)**

아이가 그린 간단한 스케치를 AI가 자동으로 인식해 멋진 그림으로 변환해줍니다. 가령, 삐뚤게 그린 선을 매끄러운 코끼리로 바꿔줍니다.

www.autodraw.com

**애니메이티드 드로잉스(Animated Drawings)**

아이가 그린 캐릭터를 AI가 분석하고, 팔과 다리의 움직임을 인식해서 애니메이션으로 만들어줍니다. 예를 들어, 아이가 직접 그린 로봇이 화면에서 걷거나 춤추는 모습을 볼 수 있습니다.

sketch.metademolab.com

**미드저니(Midjourney), 레오나르도 AI(Leonardo AI)**

원하는 이미지의 단어나 이미지를 입력하면 새로운 이미지를 생성해줍니다.

www. midjourney.com | leonardo.ai

## ★ 읽기 AI 도구

**에픽!(Epic!)**
4만 권의 5세부터 12세 어린이용 전자책을 제공하는 플랫폼입니다. AI가 아이의 관심사와 독서 수준을 분석해 적절한 책을 추천해줍니다.
getepic.com

**링고키즈(LingoKids)**
AI 기반의 인터랙티브 독서 도구로, 이야기 속에서 캐릭터와 상호작용하면서 읽을 수 있습니다. 영어 학습에도 활용하기 좋습니다.
lingokids.com

**리드 얼롱(Read Along)**
아이가 소리 내어 책을 읽으면 AI가 듣고 발음을 교정해줍니다. 잘못된 부분을 알려주고, 올바르게 읽으면 칭찬하는 기능이 있어서 아이가 독립적으로 영어 읽기 연습을 할 수 있습니다.
readalong.google.com

## ★ 쓰기 AI 도구

**챗GPT(ChatGPT), 클로드(Claude), 제미나이(Gemini)**
창작할 때 질문을 하거나, 아이디어를 얻고 싶을 때 대화를 통해 도움을 받을 수 있습니다. 예를 들어, "용감한 고양이가 등장하는 이야기의 시작을 만들어줘"라고 하면 AI가 예시를 제공해줍니다. 챗GPT와 제미나이는 단어나 문장, 이미지를 입력하면 이미지를 생성해주기도 합니다.
chatgpt.com | claude.ai | gemini.google.com

### 퀼봇(Quillbot)

문장을 더 매끄럽게 만들 수 있도록 도와줍니다. 같은 뜻이지만 더 좋은 표현을 추천해주거나, 문장을 자연스럽게 바꿔줍니다.

quillbot.com

### 스토리점퍼(StoryJumper)

어린이들이 직접 이야기를 쓰고 그림을 넣어 책을 만들 수 있습니다. AI 가 이야기의 흐름을 도와주고, 시각적인 표현까지 도와줍니다.

storyjumper.com

### ★ 영상 만들기 AI 도구

### 피카(Pika)

텍스트나 간단한 이미지에서 애니메이션 또는 스타일 있는 영상을 자동으로 생성합니다. 간단한 동화 장면, 상상 속 장면을 만들어줍니다.

pika.art

### 카이버(Kaiber)

그림이나 이미지를 기반으로 움직이는 애니메이션 영상을 만들어줍니다. 동화 삽화처럼 그린 그림을 움직이는 영상으로 바꿔줍니다.

kaiber.ai

### 디비드AI(DeeVidAI)

텍스트를 동영상으로, 이미지를 동영상으로 만들어줍니다. 프롬프트를 통해 AI 이미지나 아바타를 생성할 수 있습니다.

deevid.ai

이 도서는 2025년 문화체육관광부의 '중소출판사 성장부문 제작지원'
사업의 지원을 받아 제작되었습니다.

## 자기 언어를 가진 아이는
## 길을 잃지 않습니다

© 구선아

초판 1쇄 인쇄  2026년 3월 15일
초판 1쇄 발행  2026년 3월 20일

지은이  구선아
펴낸이  오혜영
교정교열  한아름
디자인  조성미
마케팅  한정원

펴낸곳  그래도봄
출판등록  제2021-000137호
전화  070-8691-0072
팩스  02-6442-0875
이메일  book@gbom.kr
홈페이지  www.gbom.kr
블로그  blog.naver.com/graedobom
인스타그램  @graedobom.pub

ISBN  979-11-92410-62-3  03370

-------------------------------------------------------------------------

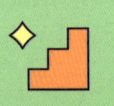